公路施工组织与管理

GONGLU SHIGONG ZUZHI YU GUANLI

主　审　○　沈家文
主　编　○　刘玉英
副主编　○　李正强

西南交通大学出版社
·成都·

图书在版编目（CIP）数据

公路施工组织与管理／刘玉英主编. —成都：西南交通大学出版社，2017.2
ISBN 978-7-5643-5154-0

Ⅰ. ①公… Ⅱ. ①刘… Ⅲ. ①道路施工－施工组织－高等学校－教材②道路施工－施工管理－高等学校－教材 Ⅳ. ①U415

中国版本图书馆 CIP 数据核字（2016）第 296275 号

公路施工组织与管理

主编　刘玉英

责 任 编 辑	杨　勇
封 面 设 计	何东琳设计工作室
出 版 发 行	西南交通大学出版社 （四川省成都市二环路北一段 111 号 西南交通大学创新大厦 21 楼）
发 行 部 电 话	028-87600564　028-87600533
邮 政 编 码	610031
网　　　　址	http://www.xnjdcbs.com
印　　　　刷	成都中铁二局永经堂印务有限责任公司
成 品 尺 寸	185 mm × 260 mm
印　　　　张	11
字　　　　数	235 千
版　　　　次	2017 年 2 月第 1 版
印　　　　次	2017 年 2 月第 1 次
书　　　　号	ISBN 978-7-5643-5154-0
定　　　　价	28.00 元

课件咨询电话：028-87600533
图书如有印装质量问题　本社负责退换
版权所有　盗版必究　举报电话：028-87600562

前 言
PREFACE

　　"公路施工组织与管理"是道路桥梁与渡河专业、土木工程专业（路桥方向）的必修课程。本教材主要是以生产、建设、管理第一线培养应用型人才为目的，按企业需求和技术应用能力为主线设计理论知识的内容，以"应用"为主旨，在编制过程中，根据企业对学生能力的要求，将理论知识与工程实践的能力要求紧密地联系起来，突出理论知识的应用性。

　　在编写本教材的过程中，编者得到了云南省建设投资控股集团有限公司总工程师沈家文的大力支持。作为本教材的主审，沈家文同志在本教材理论知识的构建、知识点的掌握深度、层次、工程实例的编写与工程实际相结合的要求、内容、注意事项等方面均提出了宝贵的意见。本教材的工程实例由云南建设基础设施投资股份有限公司的副董事长、总经理李正强完成，缩小了学生与企业用工能力需求的差距，尽可能地实现知识与企业能力的无缝对接。本书由昆明理工大学城市学院土木系刘玉英主编。

　　全书共七章：昆明理工大学城市学院土木系刘玉英编写第二章，第三章第三节、五节，第五章和第七章；云南建设基础设施投资股份有限公司李正强编写第一章、第六章；西南林业大学土木工程学院郭春丽编写第三章第一节、二节、四节、六节；西南林业大学土木工程学院张兰芳编写第三章七节、八节和第四章。全书由云南省建设投资控股集团有限公司沈家文主审。

　　由于编者的水平有限，本书中不完善之处在所难免，请读者予以批评指正，以便进一步修正补充。

编者

2016 年 8 月

目录
CONTENTS

第一章　公路工程项目管理概论 …………………………………………………… 1
　　第一节　公路工程基本建设管理 ………………………………………………… 1
　　第二节　公路建设工程管理的内容 ……………………………………………… 3

第二章　公路工程施工组织设计 …………………………………………………… 6
　　第一节　公路工程施工组织设计概述 …………………………………………… 6
　　第二节　公路工程施工组织设计的内容 ………………………………………… 9

第三章　施工进度计划 ……………………………………………………………… 28
　　第一节　施工进度计划的概述 …………………………………………………… 28
　　第二节　施工进度图的形式 ……………………………………………………… 29
　　第三节　施工进度计划的编制 …………………………………………………… 31
　　第四节　网络计划图的绘制 ……………………………………………………… 45
　　第五节　网络计划时间参数的计算及关键线路法 ……………………………… 59
　　第六节　双代号时标网络计划 …………………………………………………… 67
　　第七节　单代号网络图的绘制与计算 …………………………………………… 70
　　第八节　网络进度计划的检查与调整 …………………………………………… 74

第四章　资源组织计划 ……………………………………………………………… 77

第五章　质量、安全、环保和文明、特殊季节和特殊环境施工的措施 ………… 81

第六章　施工组织设计的工程案例 ………………………………………………… 93

第七章　公路工程项目施工管理 …………………………………………………… 139
　　第一节　公路工程项目进度管理 ………………………………………………… 139
　　第二节　公路工程项目质量管理 ………………………………………………… 142
　　第三节　公路工程项目安全管理 ………………………………………………… 145

第四节　公路工程项目施工技术管理 …………………………………………… 152
第五节　公路工程施工招标投标管理 …………………………………………… 157
第六节　公路工程合同价款的结算与支付管理 ………………………………… 159
第七节　公路工程项目施工成本管理 …………………………………………… 162
第八节　公路工程施工合同管理 ………………………………………………… 165
第九节　施工现场材料计划管理与成本控制 …………………………………… 168

参考文献 …………………………………………………………………………………… 170

第一章　公路工程项目管理概论

第一节　公路工程基本建设管理

一、公路工程基本建设项目管理的内涵

基本建设是指固定资产的建筑、添置和安装，是国民经济各部门为扩大再生产而进行的增加固定资产的建设工作。

建设工程项目的全寿命周期包括项目的决策阶段、实施阶段和使用阶段（或称运营阶段、运行阶段）。

建设工程项目管理（Professional Management in Construction）指运用系统的理论和方法，建设工程项目进行的计划、组织、指挥、协调和控制等专业化活动。其中涉及工程项目全过程的管理，包括：项目决策阶段的管理（简写 DM—Development Management）、实施阶段的管理，即项目管理（简写 PM— Project M Management）、使用阶段的管理，即设施管理（简写 FM—Facility Management）。建设工程管理涉及参与工程项目的各方面对工程的管理，即包括投资方、开发方、设计方、施工方、供货方和项目使用期管理方的管理。

二、公路工程基本建设项目管理的任务

近二十余年，公路工程建设领域中逐步宣传和推广公路工程项目管理，但提到公路工程项目管理，人们首先想到的就是项目实施阶段管理中的项目目标控制，包括实施阶段的费用控制、进度控制、质量控制和安全环境控制。公路工程项目管理主要是针对施工企业在施工过程中的管理。这个理解是非常片面的。

2014 年 12 月 4 日，中国国家发改委与财政部分别在各自官网上发布了《关于开展政府和社会资本合作的指导意见》和《政府和社会资本合作模式操作指南（试行）》，分别从政策层面和实际操作上对政府和社会资本的合作予以指导，促使我国对于公路基本建设项目投融资方式发生重大转变。随着项目融资的发展，有一个词 PPP（Public-Private Partnership，公私合伙或合营，又称公私协力，在今后的论述中均简称 PPP 模式）开始在中国出现并越来越流行。该词最早由英国政府于 1982 年提出，是指政府与私人组织之间，为了提供某种公共物品和服务，以特许权协议为

基础，彼此之间形成一种伙伴式的合作关系，并通过签署合同来明确双方的权利和义务，以确保合作的顺利完成，最终使合作各方达到比预期单独行动更为有利的结果。我国目前在能源、交通运输、水利、环境保护、市政工程、农业、林业、科技、保障性安居工程、医疗、卫生、养老、教育、文化等14个公共服务领域，鼓励采用PPP模式。

PPP模式的典型结构为：政府部门或地方政府通过政府采购形式与中标单位组成的特殊目的公司签订特许合同（特殊目的公司一般有中标的建筑公司、服务经营公司或对项目进行投资的第三方组成的股份有限公司），由特殊目的公司负责筹资、建设及经营。

这种项目融资方式的重大变革，促使原来的施工企业由原来单一的施工方向施工主体中的多方角色进行转换。PPP模式下原施工方可能成为今后项目中的投资方、开发方、施工方和项目使用期的管理方。工程项目管理的工作就不能仅局限于项目实施期的工作，公路工程的管理应是全方位、全寿命周期的管理过程，其管理内涵如图1-1所示。而公路工程基本建设项目管理的任务应是在全方位、全寿命管理过程中的一种增值服务，其核心任务是为工程的建设和使用增值，如图1-2所示。

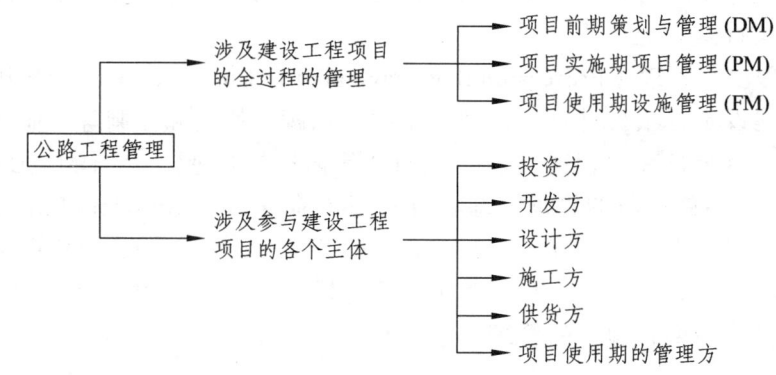

图1-1　公路工程管理的内涵

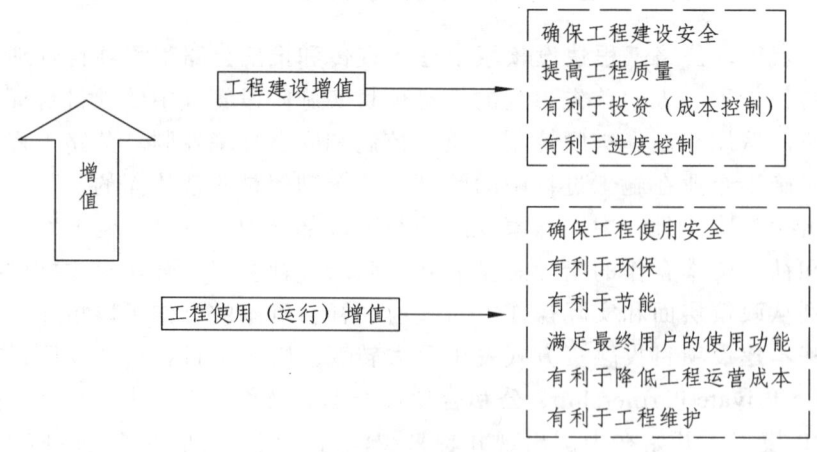

图1-2　公路工程管理的任务

第二节 公路建设工程管理的内容

在 PPP 模式下，公路工程管理的工作应是全方位、全寿命周期的管理工作。因此，在公路工程项目管理过程中，要转变管理理念、改变管理模式。在传统的融资模式下，公路基本建设的程序如图 1-3 所示。在 PPP 模式下，公路工程基本建设的程序如图 1-4 所示。

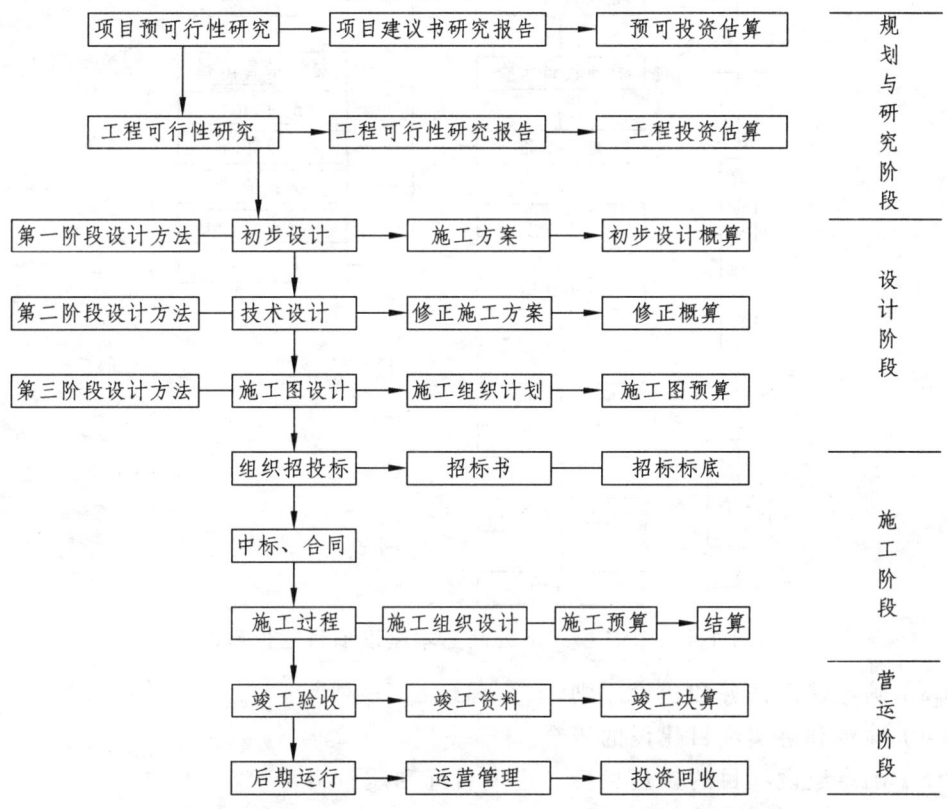

图 1-3 传统融资模式下公路工程建设项目建设程序

管理的内容不能仅局限于传统的以施工方为管理主体的管理内容，具体的管理内容如下。

一、项目决策阶段的管理工作内容

从项目建设意图的酝酿开始，调查研究、编写和报批项目建议书、编制和报批项目的可行性研究等项目前期的组织、管理、经济和技术方面的论证，都属于项目决策阶段的工作。决策阶段管理工作的主要任务是确定项目的定义，一般包括如下内容：

（1）确定项目实施的组织。

（2）确定和落实建设地点。

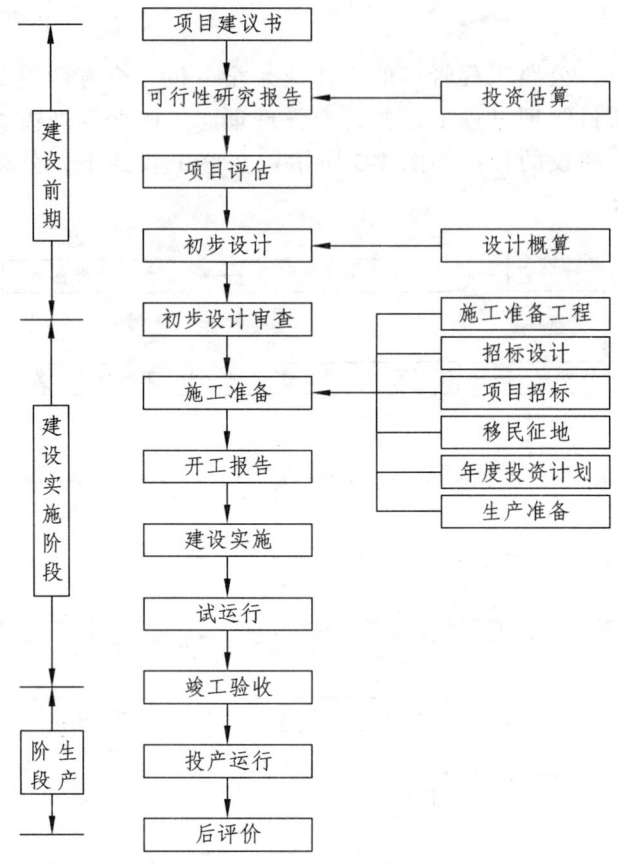

图 1-4　PPP 模式下公路基本建设项目建设程序

（3）确定建设任务和建设原则。

（4）确定和落实项目建设的资金。

（5）确定建设项目的投资目标、进度目标和质量目标等。

二、项目实施阶段的管理工作内容

项目的实施阶段包括设计前的准备阶段、设计阶段、施工阶段、动用工前准备阶段和保修期。在传统的融资模式下，项目实施阶段的管理过程中，由多方单位承担不同的建设和管理任务。由于参与单位的工作性质、工作任务和利益不相同，因此就形成了代表不同利益方的项目管理。由于 PPP 模式的运用和发展，在今后实施阶段的管理工作中，公路基本建设项目或由特殊目的公司负责筹资、建设及经营，所以，参与项目建设的各方既是业主又有可能是项目的设计、施工、建设后期的营运管理方，管理的主体既要注意各自的职能分工，又应在统一的营运管理中注意协调和发展。项目管理的工作内容涉及项目实施阶段的全过程。主要的管理工作内容包括：

（1）投资管理。
（2）成本管理。
（3）安全管理。
（4）进度控制。
（5）质量控制。
（6）合同管理。
（7）信息管理。
（8）组织和协调。
（9）运行管理。

在项目实施的阶段中，各参与者的管理要服从项目的整体利益，在不同的分工中完成上述 2~8 项的管理活动。

第二章 公路工程施工组织设计

第一节 公路工程施工组织设计概述

公路施工组织设计是以公路工程项目为对象编制的，用以指导施工的技术、经济和管理的综合性文件。

一、公路工程施工组织的特点

由于公路施工自身的特点，公路工程施工组织设计与房屋建筑工程、水利工程等土建工程的施工组织设计有所不同。公路工程施工组织的特点如下：

1．工程线性分布、施工流动性大，施工组织设计工作量大

公路是沿地面延伸的线性人工构筑物。由于它的线性特点，施工流动性大，临时工程多，施工作业面狭长，施工组织与管理的工作量大，也给施工企业员工的生活安排带来困难。

工程数量分布不均匀。大、中型桥梁、隧道、高填深挖路段的路基土石方工程等，往往是控制工期的集中工程。小桥及涵洞、路面工程、交通工程及沿线设施、环境绿化等可视为线性分布工程。

2．工程类型繁多

公路线形及构造物形式受地形、地质、水文等自然条件的影响，又因公路等级和使用要求而异。因此，公路工程类型多种多样，标准化难度大，必须个别设计，施工组织亦需要个别进行。即使是同一地区相同技术等级的公路，因为施工时的技术条件和自然条件、工期要求等不相同，也不可能采用同样的施工组织。

3．工程形体庞大，施工周期长

公路结构物与其他土建工程一样，具有形体庞大的特点。加之公路工程的线性特征，使这一特点对施工的影响更为严重。

4．施工组织考虑因素多

公路工程施工需要时间（工期）、占用空间（场地）、消耗资源（人工、材料、机具等)、需要资金(造价)、选择施工方法、确定施工方案等。而公路施工需要具备哪些基本条件,如何按照施工的客观规律来考虑工期的安排、场地的布置、资源的消耗等,就成为公路施工组织管理必须认真解决的问题。

二、公路施工组织设计的作用

公路施工组织设计是对公路施工活动实行科学管理的重要手段,它具有战略部署和战术安排的双重作用,它的作用体现在以下方面:

(1)公路施工组织设计体现了实现基本建设计划和设计的要求,提供了各阶段的施工准备工作内容。

(2)协调施工过程中各施工单位、各施工工程、各项资源之间的相互关系。

(3)通过施工组织措施,可以保证拟建工程的特定条件,拟订施工方案,确定施工顺序、施工方法、技术组织措施,以确保拟建工程按照预定工期完成。

(4)可以在开工前了解到所需的各项资源的数量及其使用的先后顺序。

(5)合理安排施工现场布置。

因此,施工组织设计应从施工全局出发,充分反映客观实际,符合国家或合同要求,统筹安排施工活动有关的各个方面,合理地布置施工现场,确保文明施工、安全、环保施工。

三、编制公路施工组织设计的原则

(1)符合施工合同或招标文件中有关工程进度、质量、安全、环境保护、造价等方面的要求。

(2)不断学习创新,积极开发、使用新技术和新工艺,推广应用新材料和新设备。

(3)坚持科学、规范、标准化的施工程序和合理的施工顺序,采用流水施工和网络计划等方法,合理配置资源,合理布置现场,采取季节性施工措施,实现均衡施工,达到合理的经济技术指标。

(4)采取技术和管理措施,推广建筑节能和绿色施工。

(5)与质量、环境和职业健康安全三个管理体系的有效结合。

四、公路施工组织设计编制的依据

(1)与公路工程建设有关的法律、法规和文件。

(2)国家现行有关标准和技术经济指标。

(3)工程所在地区行政主管部门的批准文件,建设单位对施工的要求。

(4)工程施工合同和招标文件。

(5)工程设计文件。

（6）工程施工范围内的现场条件、工程地质及水文地质、气象等自然条件。
（7）与工程有关的资源供应情况。
（8）施工企业的生产能力、机具设备状况、技术水平等。

五、公路施工组织设计的分类

对于公路工程的施工组织设计按工程规模大小和工程进展秩序，大致可分为三类：施工组织总设计、单位工程施工组织设计和分部（分项）工程施工组织设计。这三类施工组织设计是由大到小，由粗到细的。

1. 施工组织总设计

施工组织总设计是以一个建设项目或单项工程为编制对象，用以规划整个拟建工程施工活动的技术经济文件。它是整个建设项目施工任务总的战略性的部署安排，涉及范围较广，内容比较概括。

施工组织总设计的主要内容包括：工程概况、施工部署与施工方案、施工总进度计划、施工准备工作及各项资源需要量计划、施工总平面图、主要技术组织措施及主要技术经济指标等。

2. 单位工程施工组织设计

单位工程施工组织设计是以一个单位工程或一个不复杂的单项工程（如一座大中桥、一条隧道等）为对象而编制的。它是根据施工组织总设计的要求和具体条件对拟建工程对象的施工工序所作的战术性部署，内容比较具体、详细。它是在全套施工图设计完成并交底，会审后根据有关资料，由具体承包工程项目技术负责人组织编制。

单位工程施工组织设计的内容包括：工程概况、施工方案与施工方法、施工进度计划、施工准备工作及各项资源需要量计划、施工总平面图、主要技术组织措施及主要技术经济指标等。

路基工程、路面工程、桥涵工程和隧道工程在编制施工组织设计时，除应与总体施工组织设计的内容基本相同外，还应根据工程的自身特点，在确定施工方案和进度计划时，充分考虑以下内容，如表2-1所示。

3. 分部（分项）工程施工组织设计

分部（分项）工程施工组织设计是以某些结构、技术复杂的或缺少施工经验的分部（分项）工程为对象（如基础、上部结构及有特殊要求的临时工程等）而编制的，用以指导和安排该分部（分项）工程施工作业完成。

分部（分项）工程施工组织设计的主要内容包括：施工方法、技术组织措施、主要施工机具、配合要求、劳动力安排、平面布置及施工进度等。它是编制月、旬作业计划的依据。

施工组织设计文件编制单位和设计深度不同，可划分为：施工方案、施工组织计划、施工组织设计三种。其中，施工方案是施工组织设计的技术基础，也是现场组织管理的基本对象。施工组织计划为施工企业在承包工程前由设计单位所做的施工过程的安排，是指导施工企业完成施工组织设计的依据。施工组织设计特指施工企业在开工前或施工过程中完成的计划文件，通常称为具有实施性的施工组织文件。它的另一层含义泛指具有指导现场施工组织管理的所有指导性文件。

表 2-1 工程施工组织设计的重点

路基工程施工组织设计的重点	（1）确定施工方法和土方调配
	（2）编制施工进度计划
	（3）确定工地施工组织
	（4）规定各工程队施工所需的机械数量
路面工程施工组织设计的重点	（1）路面各结构层的质量检验和材料准备以及试验路段
	（2）按均衡流水法组织施工，分析各结构层之间的施工进度（速度），根据施工速度选择搭接类型
	（3）路上与基地统筹兼顾
	（4）路面施工的特殊技术要求及各种"缝"的施工要求和注意事项
	（5）布置好堆料点、运料线、行车路线
	（6）主要施工机械的数量和规格，所需的机械设备有：摊铺集料设备、拌和设备、整形设备、碾压设备、养护设备等
	（7）劳动力、其他设备、材料供应计划
桥涵工程施工组织设计的重点	（1）桥涵施工组织设计分类不同，内容有浅有深
	（2）桥梁工程包括：基础及下部构造、上部构造、防护工程、引道工程等分部工程
	（3）桥涵工程施工方法与施工顺序在结构设计时已大体确定
	（4）桥梁下部的桥墩在施工时，如设备或模板数量有限可采用流水施工方法组织施工。注意流水施工的参数：流水节拍、流水步距、技术间歇等
隧道工程施工组织设计的重点	（1）洞口场平面布置要以洞口为中心，同时注意结合工程规模、工期、地形特点、弃渣场和水源等情况
	（2）不同岩层段的开挖和出渣方案及方法的选择。掘进需要考虑围岩级别、机具设备、隧道月掘进进尺等要求

第二节 公路工程施工组织设计的内容

一、公路工程施工组织设计程序

总体的施工组织设计应包括编制依据、工程概况、施工部署、施工进度计划、施工准备与资源配置计划、主要施工方法、施工现场平面布置及主要施工管理措施等基本内容。编制施工组织设计时应遵守一定的程序，按照施工的客观规律，协调和处理好各个影响因素的关系,用科学的方法进行编制,其编制流程如图 2-1 所示。

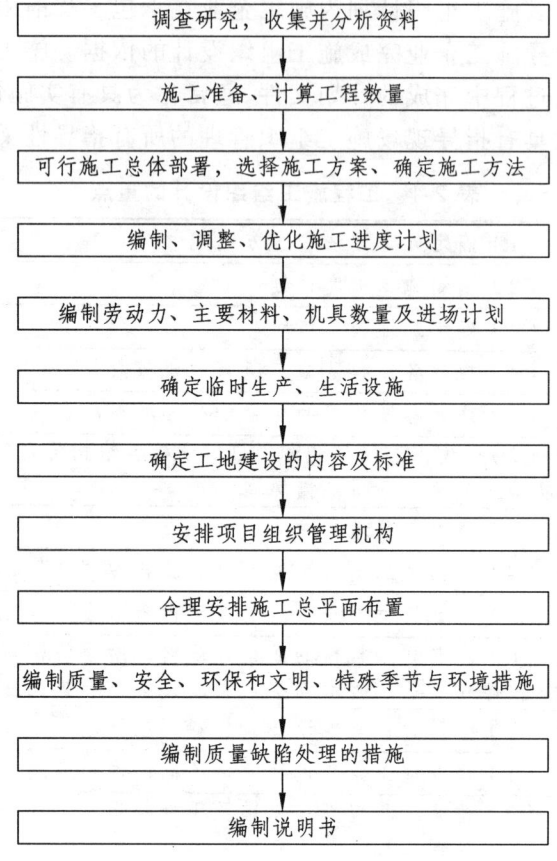

图 2-1 公路施工组织的编制程序

二、公路施工组织设计的过程

(一)调查研究,收集并分析资料

在传统的融资模式中,由于设计方、施工方为两个利益不同的主体,因此,调查研究工作分为两个主要的方面:一是为编制设计阶段的施工组织计划所进行的调查活动,主要是为满足勘察设计需要进行的野外调查和工程施工范围内的现场条件、工程地质及水文地质、气象等自然条件;与工程有关的资源供应情况的调查。调查的主体为设计单位。调查的结果作为编制施工组织计划和概预算的依据。二是为编制施工阶段的施工组织设计所进行的调查活动。它是在设计资料的基础上,对设计资料的复查和结合本企业施工的技术生产能力对相关资料的补充。调查的主体为施工单位。调查的结果作为编制施工组织设计和招标文件中投标标底的依据。

在 PPP 模式下,公路工程施工组织设计的管理目标不能仅局限于单纯的设计企业或施工企业的利益关系中。因为在 PPP 模式下,政府部门或地方政府通过政府采购形式与中标单位组成的特殊目的公司的中标建筑公司由施工方的利益体转变为业主方、设计方、施工方、项目运行管理方的综合利益体。所以，公路施工组织管理不能再通过传统的手段获取设计方或施工方的利益最大化。双方应是在统一利益驱动下，通过细化管理措施，提升企业管理水平和采用先进的科学生产方式、积极开发、使用新技术和新工艺，推广应用新材料和新设备来获取企业的共同利益。所以，PPP模式下的调查研究要比传统的调查研究做得更精细。既要有传统的调查内容，又要通过不断的学习，调查行业的新技术、新方法、新工艺、新材料，通过技术创新完善施工技术、方法、工艺、材料来实现企业共同利益的最大化。

（二）施工准备、计算工程数量

工程数量的计算应根据设计图纸，结合《公路工程工程量清单计量规范》或《公路工程概算定额》或《公路工程预算定额》或《公路工程施工定额》进行计算。

（三）进行施工部署，选择施工方案，确定施工方法

1. 施工总体部署

由于公路工程的施工标段里程较长，为了方便管理，在施工过程中应根据工程的实际进行施工的总体部署。对公路工程施工总体部署的内容包括：施工过程组织方法、施工段落的划分、施工队伍的布置。

1）施工过程组织方法

（1）施工过程组织方法的分类：

在公路工程施工生产中，对施工对象的施工过程组织方法一般可分为：顺序（依次）作业法、平行作业法和流水作业法三种基本的施工组织方法，也称为作业方式或组织方式。各种施工过程组织方法和特点如表2-2所示。

流水施工的基本原理将在第三章中详细论述，这里不再赘述。

顺序作业法、平行作业法、流水作业法在生产过程中不仅可以单独运用，而且可以根据具体条件，将三种基本作业方式加以综合运用，从而形成平行流水作业法、平行顺序作业法以及立体交叉平行流水作业法。这些施工过程时间组织的综合形式，一般均能取得较明显的经济效果。

平行流水作业法是在平行作业法的基础上，按照流水作业法的原则组织施工，以达到适当缩短工期，而又使劳动力、材料、机具需要量保持均衡的目的。

平行顺序作业法是用增加施工力量的方法来达到缩短工期的目的。它使顺序作业法和平行作业法之缺点更加突出，故仅适用于突击性施工情况。

立体交叉平行流水作业法是在平行流水作业法的原则上，采用上、下、左、右全面施工的方法。它可以充分利用工作面和有效地缩短工期，一般适用于工序繁多、工程特别集中的大型构造物的施工，如大桥、立体交叉、隧道等工程量大、工作面狭窄、工期短的情况。

表 2-2　公路工程施工过程组织方法和特点

公路施工过程组织的方法		公路工程施工过程组织方法的特点
顺序作业法	定义	指按工艺流程和施工程序（步骤）确定的先后顺序进行施工操作
	特点	（1）没有充分利用工作面进行施工，（总）工期较长； （2）每天投入施工的劳动力、材料和机具的种类比较少，有利于资源供应的组织工作； （3）施工现场的组织、管理比较简单； （4）不强调分工协作，若由一个作业队完成全部施工任务，不能实现专业化生产，不利于提高劳动生产率；若按工艺专业化原则成立专业作业队（班组），各专业队是间歇作业，不能连续作业，材料供应也是间歇供应，劳动力和材料的使用可能不均衡
平行作业法	定义	对于线性工程的作业面很大，根据工程或技术的需要，可划分为几段（或几个点），分别同时按先后顺序组织施工的作业方式
	特点	（1）充分利用工作面进行施工，（总）工期较短； （2）每天同时投入施工的劳动力、材料和机具数量，材料供应特别集中，所需作业班组很多，影响资源供应的组织工作； （3）如果各工作面之间需要共用某种资源时，施工现场的组织管理比较复杂，协调工作量大； （4）不强调分工协作，各作业单位都是间歇作业，此点与顺序作业相同； （5）这种作业的实质是增加资源的方法来达到缩短（总）工期的目的，一般适用于需要突击性施工作业的组织
流水作业法	定义	以施工专业化为基础，将不同工程对象的同一施工工序交给专业施工队（组）进行，各专业队（组）在统一计划安排下，依次在各个作业面上完成指定的操作。前一操作结束后转移至另一作业面，进行同样操作
	特点	（1）必须按工艺专业化原则成立专业作业队（组），实现了专业化生产，有利于提高劳动生产率，保证工程质量； （2）专业化作业队能够连续作业，相邻作业队的施工时间能最大限度地搭接； （3）尽可能地利用工作面进行施工，工期比较短； （4）每天投入的资源较为均衡，有利于资源供应的组织工作； （5）需要较强的组织管理能力； （6）这种方法可以充分利用工作面，有效地缩短工期，一般适用于工序繁多、工程量大而集中的大型构筑物施工，如大型桥梁工程、立交桥、隧道工程、路面等施工的组织

（2）工程案例 1：

案例背景：某高速公路的某标段的路基防护工程挡土墙设计图纸资料如表 2-3 所示。试确定施工组织的方法。（备注：此处对本工程项目的安排，仅作为对施工组织方法理论理解的运用过程，不作为施工中的具体安排。）

表 2-3 路基防护工程数量表

编制范围：××××合同段　　　　挡土墙

起讫桩号	工程名称	主要尺寸及说明 最小墙高×最大墙高	位置 左	位置 右	长度/m	数量/m³	墙身 块石/m³	墙身 片石/m³	基础 片石/m³	软土	挖基/m³ 普土	挖基/m³ 硬土	挖基/m³ 软石	挖基/m³ 次坚石	挖基/m³ 坚石	抹面/m²	碎石垫层/m³	备注
1	2	3	4	5	6	7	8	9	10	11	12	13	14	15	16	17	18	19
K84+000～K84+052	浆砌重力式挡土墙	3.58～4.66 m		√	52.22	482.55	76.37	274.49	131.69		482.2		120.6			31.3	68.8	
K84+052～K84+102	浆砌重力式挡土墙	2.54～6.2 m		√	50.97	506.21	75.71	297.44	133.07		544.1		136			30.6	68.2	
K84+102～K84+120.3	浆砌重力式挡土墙	2.02～6.01 m		√	18.3	161.92	24.35	93.39	44.17		198.7		49.7			11	22.5	
K84+268～K84+329.5	浆砌重力式挡土墙	1.62～6.6 m		√	61.5	576.33	87.22	337.08	152.03		758.8		189.7			36.9	78.9	
K84+730～K84+780.65	浆砌重力式挡土墙	1.34～4.34 m		√	50.65	293.46	53.55	146.8	93.1		434.3		108.6			30.4	54	
K84+990～K85+040	浆砌重力式挡土墙	1.42～2.48 m		√	50	144.95	33.47	51.99	59.49		292.7		73.2			30	41.3	
K85+040～K85+080	浆砌重力式挡土墙	1.31～1.59 m		√	40	90.77	20.47	27.43	42.88		220.9		55.2			24	31.4	
K85+080～K85+125.5	浆砌重力式挡土墙	1.5～2.67 m		√	45.5	137.56	31.85	50.91	54.8		303.7		75.9			27.3	37.9	
K85+125.5～K85+160.75	浆砌重力式挡土墙	1.55～3.09 m		√	32.25	145.01	31.22	62.74	51.06		245.4		61.4			21.2	32.5	
K85+192.5～K85+250	浆砌重力式挡土墙	1.16～2.87 m		√	57.5	208.62	48.09	85.82	74.71		354.1		88.5			34.5	50	
K85+250～K85+277.5	浆砌重力式挡土墙	1.14～2.64 m		√	27.5	75.91	17.33	26.75	31.83		158.5		39.6			16.5	22.4	
K85+430～K85+490	浆砌重力式挡土墙	1.2～2.65 m		√	60	196.49	45.22	75.61	75.66		355.7		88.9			36	50.9	
K85+490～K85+540	浆砌重力式挡土墙	2.63～3.05 m		√	50	233.72	49.94	106.38	77.4		322.1		80.5			30	48.1	
K85+540～K85+580.84	浆砌重力式挡土墙	2.7～3.1 m		√	40.84	188.9	41.45	86.07	61.38		273		68.3			24.5	38.7	
K85+580.84～K85+640	浆砌重力式挡土墙	2.52～3.69 m		√	59.1	288.51	61.36	135.14	92.01		391		97.7			35.5	57.2	
K85+640～K85+694.3	浆砌重力式挡土墙	2.62～4.43 m		√	54.14	472.22	75.15	265.28	131.8		488.4		122.1			32.5	69.7	
K85+694.3～K85+710	浆砌重力式挡土墙	1.54～2.33 m		√	15.64	45.59	10.54	16.37	18.67		98.6		24.6			9.4	12.9	
K86+290～K86+358	浆砌重力式挡土墙	1.22～2.83 m		√	67.31	242.54	56.06	99.1	87.38		420.5		105.1			40.4	58.4	
K86+358～K86+400	浆砌重力式挡土墙	2.14～4.2 m		√	42.01	252.33	47.38	126.58	78.36		318.5		79.6			25.2	45.3	

续表

起讫桩号	工程名称	主要尺寸及说明 最小墙高×最大墙高	位置左	位置右	长度/m	数量/m³	墙身块石/m³	墙身片石/m³	基础片石/m³	挖基软土/m³	挖基普土/m³	挖基硬土/m³	挖基软石/m³	挖基次坚石/m³	挖基坚石/m³	抹面/m²	碎石垫层/m³	备注
1	2	3	4	5	6	7	8	9	10	11	12	13	14	15	16	17	18	19
K86+400~K86+459	浆砌重力式挡土墙	2.23~2.85 m		√	58.33	219.56	50.99	91.06	77.51		361.2		90.3			35	51.3	
K86+459~K86+511	浆砌重力式挡土墙	2.92~4.25 m		√	51.41	314.49	58.55	158.51	97.42		417.6		104.4			30.8	56	
K86+511~K86+537.7	浆砌重力式挡土墙	1.55~3.32 m		√	26.4	100.46	21.25	41.93	37.28		176.7		44.2			15.8	24	
K86+26.87~K86+959.95	浆砌重力式挡土墙	1.59~4.02 m		√	32.79	180.12	33.51	88.14	58.47		252.8		63.2			19.7	34.2	
K87+166.04~K87+196.7	浆砌重力式挡土墙	2.4~3.18 m		√	30.44	152.14	31.24	71.41	49.49		218.9		54.7			18.3	30.1	
K87+388.25~K87+417	浆砌重力式挡土墙	1.77~4.11 m		√	28.46	193.07	32.64	99.75	60.67		286.3		71.6			17.1	33.3	
K87+647~K87+668.5	浆砌重力式挡土墙	1.42~2.95 m		√	21.24	65.14	14.83	24.32	25.99		151.3		37.8			12.8	17.7	
K87+723~K87+734	浆砌重力式挡土墙	1.84~2.66 m		√	10.86	39.9	9.24	16.38	14.28		98.4		24.6			6.5	9.5	
K87+765~K87+820	浆砌重力式挡土墙	1.52~3.4 m		√	54.32	305.57	59.31	149.99	96.27		407.2		101.8			32.6	56.9	
K87+820~K87+877.5	浆砌重力式挡土墙	1.29~3.39 m	√		56.78	242.28	50.96	107.61	83.71		377.4		94.4			34.1	53	
K90+190~K90+255.5	浆砌重力式挡土墙	1.32~3.71 m	√		65.5	349.33	67.92	170.58	110.84		484.1		121			39.3	66.7	
K90+265.5~K90+308	浆砌重力式挡土墙	2.06~3.71 m	√		52.5	266.83	53.9	126.49	86.43		397.7		99.4			31.5	52.4	
K90+308~K90+335	浆砌重力式挡土墙	1.26~2.64 m	√		27	87.19	20.18	33.6	33.42		167.1		41.8			16.2	22.8	
K90+702.54~K90+769	浆砌重力式挡土墙	1.18~3.85 m	√		66.46	296.75	62.35	136.1	98.3		449.5		112.4			39.9	62.2	
K90+874.795~K90+920	浆砌重力式挡土墙	1.86~3.43 m	√		45.16	214.52	44.4	98.81	71.31		334.8		83.7			27.1	43.9	
K90+920~K90+970	浆砌重力式挡土墙	2.83~3.67 m	√		49.83	292.82	57.04	145.8	89.99		369.6		92.4			29.9	52.9	
K90+970~K91+020	浆砌重力式挡土墙	2.56~3.08 m			49.7	231.58	49.44	105.33	76.8		325.7		81.4			29.8	47.8	
K91+020~K91+084.96	浆砌重力式挡土墙	1.9~2.56 m		√	64.37	210.52	48.99	80.84	80.7		383.6		95.9			38.6	54.7	
K91+330~K91+379	浆砌重力式挡土墙	1.99~4.46 m		√	49.61	435.94	69.53	245.85	120.56		518.2		129.5			29.8	63.9	
K92+346.5~K92+371	浆砌重力式挡土墙	1.76~3.83 m			24.5	131.7	25.46	63.85	42.36		208.2		52.1			14.7	25.1	
合计					1 744.09	9 073.5	1 748.46	4 421.72	2 203.32		13 047.5		3 261.8			1 046.7	1 747.5	

分析：

从设计图纸资料表 2-3 挡土墙工程数量中可以知道：本合同段挡土墙的工序为 4 道工序，分别是：挖基础、铺碎石垫层、砌基础与墙身和抹面。

采用顺序作业的方法就是从 K84+000～K92+371 的施工段上采用一个施工队，按工序的先后顺序进行施工。前一道工序挖基础完成后，该施工队伍转入下一个工序铺碎石垫层的施工，如此施工。下一道工序的施工必须等到上一道工序结束后，施工人员、机械设备才能转到下一个工序进行施工。这种施工方法使得施工过程中同时投入的劳动力和资源较少，但工期最长。

采用平行作业法，即将合同段内 K84+000～K92+371 按工程数量大体相等原则分成若干的施工段，同时开工，并配以与分段相同的施工队伍进行施工。如：将 K84+000～K92+371 按工程数量大体相等的原则分为 K84+000～K86+400 为一个施工段，选择一个施工队伍；K86+400～92+371 为另一个施工段，选择另一个施工队伍。两个施工队伍同时开工。由于工程数量大体相等，因此，两个施工队伍竣工时间也应一致。这种施工方法总工期缩短为顺序作业法施工工期的一半，但所需的劳动力、资源却比顺序作业法多出了一倍。由于同时投入施工的劳动力、材料和机具数量，材料供应特别集中，所需作业班组很多，影响资源供应的组织工作。

采用流水作业的施工方法，即将合同段内 K84+000～K92+371 挡土墙按施工工艺分为 4 个独立的项目：挖基础、铺碎石垫层、砌基础与墙身和抹面，分别交由 4 个专业班组进行施工，此时专业班组按规定的施工顺序，在上一班组施工进行一定的时间后、有一定的工作面且不影响上一班组的正常施工时，下一班组进入上一班组完成的工作面进行后一道工序的施工。在本段的施工完成后，专业施工队伍可进入下一标段相同工序的施工过程中。在流水作业中，劳动力和资源是随着各专业班组先后投入施工而逐渐开展工作。这种作业方法专业化作业队能够连续作业，相邻作业队的施工时间能最大限度地搭接。

2）施工段落的划分

由于公路工程是线性分布，工程形体庞大。因此，在施工过程中，往往根据工程的实际需要对公路工程进行施工段落划分，以方便组织和管理。施工段落的划分应符合以下原则：

（1）为便于各段落的组织管理及相互协调，段落的划分不能过小也不能太大，应适合采用现代化的施工方法和施工工艺。段落的大小应根据单位本身的技术能力、管理水平、机械设备状况结合现场情况综合考虑。

（2）各段落之间工程量基本平衡，投入的劳力、材料、施工设备及技术力量基本一致，都能够在一个合理的工期内完成工程。

（3）避免造成段落之间的施工干扰。即各段落之间应有独立的施工道路及临时用地，土石方填、挖数量基本平衡，避免或减少跨段落调配，以避免造成段落之间的相互污染或损坏修建的工程及影响工效等。

（4）工程性质相同的地段（如石方、软土段）或施工复杂难度较大而施工技术相同的地段尽可能避免化整为零，以免既影响工效，也影响质量。

（5）保持构造物的完整性，除了特大桥外，尽可能不肢解完整的工程构造物。

3）施工队伍的布置

在项目确定或施工段落划分以后，应确定施工队伍的布置。施工队伍的布置应根据项目或施工段落划分情况，结合施工作业方式进行。一般工程可按工程项目来划分和布置，如土石方施工队、排水和防护施工队、路面施工队、涵洞施工队、桥梁施工队、隧道施工队来安排。

2. 选择施工方案

施工方案包括的内容很多，主要有：施工方法的确定、施工机具和设备的选择、施工顺序的安排。施工方案一经决定，则整个工程施工的进程、人力和机械的需要和布置、工程质量及施工安全工程成本、现场的状况等也就随之被规定下来。施工方案的优劣，在很大程度上决定了施工组织设计的质量与施工任务完成的好坏。选择施工方案的基本要求是：切实可行、施工期限满足业主要求、确保工程质量和施工安全、经济合理、工料消耗和施工费用最低。

1）施工顺序的安排

施工顺序安排是编制施工方案的重要内容之一，施工顺序安排得好，可以加快施工进度，减少人工和机械的停歇时间，并能充分利用工作面，避免施工干扰，达到均衡的、连续的施工，实现科学组织施工，做到不增加资源，加快工期，降低施工成本。施工顺序安排的原则如下：

（1）必须符合工艺的要求，统筹考虑各分部分项工程之间的关系。在一个单位工程项目中，任何分部分项工程同它相邻的分部分项工程的施工总有先有后，有些是由于施工工艺的要求而经常固定不变的，也有些不受工艺的限制，有一定的灵活性。如桥梁施工，任何一个桥台、桥墩的施工，总是先基础后承台、墩身，最后是架梁，这是任何桥梁工程都必须遵守的不变施工顺序。但是，在桥台、桥墩之间，桥墩与桥墩之间，都不存在哪个先施工，哪个后施工的施工顺序。

（2）必须使施工顺序与施工方法、施工机具相协调。

如桥梁工程的基础是钻孔灌注桩，施工方法采用钻孔机钻孔时，在安排每个基础每根桩的施工顺序时不能相邻桩顺序施工，否则会发生坍孔现象，所以必须要间隔施工。采用间隔施工时，钻机移动的次数会增多，而钻机移动需要拆卸和重新安装，很费时间。此时必须采取措施保证钻机移动得最少，同时双保证钻孔安全，还能加快施工进度，采取措施就是合理安排桩基的施工顺序。

（3）必须考虑施工质量的要求、组织施工过程的基本原则。

在安排施工顺序时，要以确保施工质量作为前提条件，影响工程质量时，要重新安排或者采取必要的技术措施。符合施工过程的连续性、协调性、均衡性、经济性原则。

（4）必须考虑水文、地质、气候的影响。

安排施工顺序时，必须充分考虑洪水、雨季、冬季、季风、不良地质地段等因素的影响。

（5）必须考虑影响全局的关键工程的合理施工顺序。

例如，路线工程中的某大桥、某隧道、某深堑，若不在前期完工，将导致其他工程不能施工（如无法运输材料、机具、工期太长等），此时即应集中力量攻克关键工程。

（6）安排施工顺序时应经济和节约，降低施工成本。

施工中周转材料的使用，应合理安排施工顺序，第一可加速周转材料的周转次数；第二可减少配备的数量，如桥墩、台、基础施工顺序安排好，可加速模板的周转次数，在同样完成任务的情况下可配备少一些，减少材料成本。

2）确定施工方法

施工方法是施工方案的核心内容，具有决定性作用。施工方法一经确定，机具设备的选择就只能以满足它的要求为基本依据，施工组织也在这个基础上进行，因此，确定施工方法应考虑以下四个方面的要求：

（1）确定的施工方法必须具备实现的可能性。

（2）确定的施工方法考虑对工期的影响，也就是保证合同工期的要求。

（3）确定的施工方法进行多种可能方案经济比较，力求降低成本。

（4）确定的施工方法能够保证施工质量和安全。

施工方法的确定取决于工程特点、工期要求、施工条件等因素，所以，各种不同类型工程的施工方法有很大差异。对于同一种工程，其施工作业方法也有多种可供选择，例如：沥青表面处治路面施工，可采用层铺法和拌和法两种，T型梁安装可采用木扒杆、单导梁、架桥机等多种方法，桩基成孔施工可采用人工挖孔、机械钻孔等方法。方法很多，但不管采用何种方法，都将对施工方案产生巨大影响。

3）施工机具的选择

施工方法一经确定，机械设备的选择就只能以满足它的要求为基本依据、施工组织也只能在这个基础上进行。但是在现代化的施工条件下，施工方法的确定，主要还是选择施工机械、机具的问题，有时甚至成为最主要的问题。例如桥梁基础工程施工，仅钻孔灌注桩，就有许多种施工机械可供选择，是选择潜孔钻还是冲击式钻机，或是冲抓式钻机还是旋转式钻机，钻机一旦确定，施工方法也就确定了。

在选择施工机具时，应注意以下几点：

（1）只能在现有的或可能获得的机械中进行选择。

（2）所选择的机具必须满足施工的需要，但又要避免大机小用。

（3）选择机具时，要考虑互相配套，充分发挥主机的作用。

（4）在选择施工机具时，必须从全局出发，不仅要考虑到在本工程或某分部工程施工中使用，还要考虑到同一现场上其他工程或其他分部分项工程是否也可以使用。

(四)编制施工进度计划

编制施工进度计划将在第三章中详细地进行论述。

(五)编制劳动力、主要材料、机具数量及进场计划

编制劳动力、主要材料、机具数量及进场计划将在第四章中详细地进行论述。

(六)确定临时生产、生活和工地建设的内容及标准

根据交通运输部2011《高速公路施工标准化技术指南》(第一分册 工地建设)中对驻地建设的选址条件、建设标准和布局提出了具体要求,强调硬件设施、保障措施及施工要素的有效配置等内容做了具体详细规定,着力改善参建单位生产生活的环境。该指南适用于新建、改(扩)建高速公路项目的工地建设管理,其他等级公路可参照执行。

驻地建设一般包括建设单位驻地、监理单位驻地、施工单位驻地以及工地试验室的建设。驻地建设应体现以人为本的理念,着力改善项目各参建单位的生产、生活环境。驻地建设应因地制宜,尽量减少对环境的影响。

1. 驻地选址

(1)选址位置宜靠近工程项目现场的中间位置,应远离地质自然灾害区域,用地合法,周围无塌方、滑坡、落石、泥石流、洪涝等自然灾害隐患,无高频、高压电源及油、气、化工等其他污染源。满足安全、环保、水保的要求,交通、通信便利,水电设施齐全。

(2)离集中爆破区500 m以外,不得占用独立大桥下部空间、河道、互通匝道区及规划的取、弃土场。

(3)为方便其他人员找寻驻地或拌和场等,在各驻地单位、拌和场、预制场附近主干道应设置指路牌;指路牌统一大小、颜色。具体内容可参考《高速公路施工标准化技术指南》(第一分册 工地建设)附录A设置。

2. 场地建设

(1)可自建或租用沿线合适的单位或民用房屋,但应坚固、安全、实用、美观,并满足工作、生活需求,自建房还应安装、拆卸方便且满足环保要求。自建房最低标准为活动板房,建设宜选用阻燃材料,搭建不宜超过两层,每组最多不超过10栋,组与组之间的距离不小于8 m,栋与栋之间的距离不小于4 m,房间净高不低于2.6 m。驻地办公区、生活区应采用集中供暖设施,严禁电力取暖。为节约资源,建设单位宜尽早规划、建设后期营运管理中心,并尽可能利用营运管理中心作为项目建设的驻地。

(2)宜为独立式庭院,四周设有围墙,有固定出入口。有条件的,可在出入中设置保卫人员。

(3)办公、生活用房建筑面积和场地面积应满足办公和生活需要。

(4)办公区、生活区及车辆、机具停放区等布局应科学合理,办公区、生活区等应分区管理,合理规划人车路线,尽可能减少不同区域间的互相干扰。区内场地及主要道路应做硬化处理,排水设施完善,庭院适当绿化,环境优美整洁、生活、生活污水和垃圾应集中处理。

3. 硬件设施

(1)各单位驻地办公用房面积应满足办公需要,一般不低于表2-4的要求。

表2-4 各单位驻地办公用房面积标准

各室名称	配备标准/m²			备注
	建设单位	监理单位	施工单位	
办公室	6	6	6	人均面积
会议室	100	60	60	具备多媒体功能
档案资料室	60	40	20	
试验室	—	175	180	各操作室合计面积

(2)各单位驻地生活用房面积标准如表2-5所示。

表2-5 各单位驻地生活用房面积标准

各室名称	配备标准/m²	备注
宿舍	3.5	人均面积
食堂(含餐厅)	0.8	人均面积
浴室	0.3	人均面积,总面积不小于20 m²
厕所	0.2	人均面积,总面积不小于20 m²

① 每间宿舍原则上不超过30 m²,居住人员不宜超过8人,人均使用面积不小于3.5 m²。

② 宿舍内门窗(可开启式)设置齐全,门净宽不小于0.8 m,室内通风、照明良好,地面应硬化、防潮,有条件的可铺砌瓷砖,室外应设专门晾衣处。

③ 宿舍内严禁使用通铺,保证每个单铺(可上下铺),单铺不得超过2层,床铺应高于地面0.3 m,人均床铺面积不小于2 m²,床铺间距不小于0.5 m。

④ 宿舍内应设置生活用品专柜,个人物品摆放整齐,宜统一床单被罩。室内严禁存放易燃、易爆物品,严禁乱拉电线、明火做饭和作用在功率电器设备。

⑤ 食堂宜设置在离厕所、垃圾站及有害物质场所不小于20 m以外的位置,与办公用房、生活用房距离不小于10 m;食堂净空不小于2.8 m,门净宽不小于1.2 m,人均使用面积不小于0.8 m²;食堂内设置独立的制作间、储藏间,并配有消毒设备,

燃气罐应单独设置存放间，地面应做硬化和防滑处理，配备纱门、纱窗、纱罩等。食堂排水系统良好，避免污水淤积。

⑥ 浴室人均使用面积不小于 $0.3 m^2$，总面积不小于 $20 m^2$，淋浴喷头数量与人员比例不小于 1∶10，淋浴间与更衣间分离设置，更衣间内应设置长凳、储衣柜或挂衣架。

⑦ 厕所应为通风、采光良好可冲洗式或移动式厕所，地面应作防滑处理，并配备纱门、纱窗、纱罩等；厕所人均使用面积不小于 $0.2 m^2$，总面积不小于 $20 m^2$，蹲位数量与人员比例不小于 1∶10，大小便池内镶贴瓷砖；厕所应指定专人负责卫生工作。

4．试验室建设

工地试验室指公路工程建设从业单位在工程现场为质量控制和检验工作需要而设立的临时试验室。建设应满足《公路水运工程试验检测管理办法》的有关规定。工地试验室应经有权单位组织认定合格并取得批准后方可正式开展试验检测工作。

工地试验室各功能室面积标准应不低于表 2-6 所示。

表 2-6 工地试验室各功能室面积标准

各室名称	配备标准/m^2		备 注
	监理单位试验室	施工单位试验室	
档案资料室	15	15	
土工室	20	20	应配置温度控制设备
集料室	15	15	应配置温度控制设备
样品室	20	15	应按照样品状态分区
水泥室	20	20	应配置温度控制设备
水泥混凝土室	20	20	应配置温度控制设备、完善排水设施
力学室	20	20	应配置温度控制设备
标养室	20	25	应配置温度控制设备、完善排水设施
沥青室	20	20	应配置温度控制设备
沥青混合料室	25	25	应配置温度控制设备、大功率排风设备，对沥青混凝土的项目需增加一间面积不小于 $10 m^2$ 的化学室
无机结合料室	15	15	应配置温度控制设备
检测设备室	10	10	
办公室	36	30	根据试验人数配置，人均不小于 $6m^2$，并设置防暑降温、取暖设施
会议室	20	20	满足 20 人开会的要求

5. 消防设施

驻地内消防设施应满足《建设工程施工现场消防安全技术规范》的有关规定，在适当位置设置临时室外消防水池和消防沙池，配置相应的消防安全标识和消防安全器材，并经常检查、维护、保养。驻地内应设置消防通道，并保证消防道的畅通，禁止在车道上堆物、堆料或挤占消防通道。

6. 电气设备和临时用电

驻地内使用的电气设备和临时用电应符合《施工现场临时用电安全技术规范》的规定，并尽量与营运期永久用电相结合。施工前应编制临时用电方案和临时用电施工组织设计。

7. 污水处理

生活污水排放应进行规划设计，设置多级沉淀池，通过沉淀过滤达到排放标准。厕所污水应通过集中独立管道进入化粪池，封闭处理。

8. 垃圾处理

驻地内应设置一个大型垃圾堆积池，容积不小于 3 m×2 m×1.5 m，将各种垃圾集中分类存放，定期按环保要求处置。

9. 拌和站建设

拌和站建设除满足驻地选址的一般要求外，还应根据工程实际情况集中布置，宜采用封闭式管理，四周设置围墙，入口设置彩门和值班室。

拌和站应综合考虑施工生产情况，合理划分拌和作业区、材料计量区、材料库、运输车辆停放区、试验区、集料堆放区及生活区，内设洗车池（洗车台）、污水沉淀池和排水系统。生活区应与其他区隔离，生活用房按照"驻地建设"的相关标准建设。

拌和站场地面积、搅拌机级配置及产能应满足生产、施工需求和工程进度要求，一般不低于表 2-7 的规定。

表 2-7 拌和站建设标准

拌和站类型	场地面积/m²	每个拌和站搅拌机级最低配置
水泥混凝土拌和站	5 000	2 台拌和机（每台至少 3 个水泥罐、4 个集料仓）
沥青混合料拌和站	35 000	1 台拌和机（每台至少 3 个沥青罐、2 个矿粉罐、冷热集料仓各 5 个）
水稳拌和站	15 000	1 台拌和机（每台至少 3 个水泥罐、4 个集料仓）

场地（含堆料区、加工区）应做硬化处理，主要运输道路应采用不小于 20 cm 厚的 C20 混凝土硬化，基础不好的道路应增设碎石掺石屑垫层。场内排水宜按照中间高四周低的原则预设不小于 1.5%的排水坡度，四周宜设置砖砌排水沟，并采用

M7.5砂浆抹面。

拌和站各罐体宜连接成整体，安装缆风绳和避雷设施，每一个罐体应喷涂成统一颜色，并绘制高速公路项目名称以及施工单位简称，两者竖向平行绘制，颜色（建议采用白底蓝字）、字体醒目。

10. 钢筋加工厂

钢筋加工厂选址除应符合一般规定外，还应根据本合同段的主要构造物分布、运输条件、钢筋加工量等特点综合选址，做到运输便利、经济合理。宜采用封闭式管理。场地内应按原材料堆放区、钢筋下料区、加工制作区、半成品堆放区、成品待检区、合格成品区、废料处理区等科学合理设置，功能明确，标识清晰。场内应做硬化处理，主要运输道路应采用不小于20 cm厚的C20混凝土硬化，基础不好的道路应增设碎石掺石屑垫层。场内排水宜按照中间高四周低的原则预设不小于1.5%的排水坡度，四周宜设置砖砌排水沟，并采用M7.5砂浆抹面。

钢筋加工场架构宜采用钢结构搭设，顶部采用固定式拱形防雨棚，高度应满足加工设备操作空间（一般不小于7 m），并设置避雷及防风的措施。个别桥梁、隧道、涵洞受地形、运输条件限制可视实际情况采用简易钢筋棚加工。简易钢筋棚面积应满足生产、施工需求。棚内地面应按规定进行硬化或设置支垫设置。

11. 预制梁场

预制梁场原则上不宜设在主线征地范围内，若确实存在用地困难等特殊情况需要将预制场设于主线征地范围内时，应报项目建设单位审批。

选址以方便、合理、安全、经济及满足工期为原则，结合施工合同段所属预制梁板的尺寸、数量、架设要求以及运输条件等情况进行综合选址。

预制梁场地建设前施工单位应将梁场布置方案报监理工程师审批，方案内容应包含各类型梁板的台座数量、模板数量、生产能力、存梁区布置及最大存梁能力等。预制场建设要与桥梁下部结构施工基本同步启动，避免出现"梁等墩"及"墩等梁"。

宜采用封闭式管理。场地内应按办公区、生活区、构件加工区、制梁区和存梁区、废料处理区等科学合理设置，功能明确，标识清晰。各项目预制场地应统筹设置，建设规模和设备配备应与预制梁板的数量和生产工期相适应，应不低于表 2-8 的规定。

场内应做硬化处理，主要运输道路应采用不小于20 cm厚的C20混凝土硬化，基础不好的道路应增设碎石掺石屑垫层。场内不允许积水，四周设置砖砌排水沟，并采用M7.5砂浆抹面。

预制梁场应尽量按照"工厂化、集约化、专业化"的要求规划、建设，每个预制梁场预制的梁板数量不宜少于300片。若个别受地形、运输条件限制的桥梁滁板需单独预制，规模可适当减小，但钢筋骨架定位胎膜、自动喷淋养护等设施仍应满足施工生产要求。

预制场钢筋加工、混凝土拌和应尽量使用合同段既有的钢筋加工场、拌和站。

表 2-8 预制场规模和相关设备配备表

内 容	要 求
钢筋棚	至少 1 座
台座数量	应与预制时间、数量相匹配
吊装设备	满足起吊吨位需要，至少 2 台
模板数量	按照台座数量的 1/（4~6）匹配
自动喷淋养生设施	每片梁板设喷管不得少于 3 条（顶部 1 条，侧面各 1 条）；喷管长为梁体+1 m，喷头间距 0.5 m
必备的施工辅助设施	横隔板钢筋定位架、钢筋骨架定位架、横隔板底模支撑架
其他施工设备	满足施工需要

12. 施工材料存放

1）原材料、半成品、成品存放

存放场应合理选择设置地点，尽量靠近使用地点，确保运输及卸料方便；模板、脚手架等周转材料，应选择在装卸、取用、整理方便和靠近拟建工程地方放置；水泥、砂石料等原材料应靠近拌和站放置。

各种材料应分区存放，堆放场地应进行硬化处理。存放场所应留有足够宽度的通道，便于装运。

材料存放应做到整齐干净，无砖瓦、钢筋头、杂物等，各种材料的堆放应做到一头齐，和条线。

预制构件的堆放位置应考虑吊装顺序，力求直接装卸就位。

2）砂、石料存放

用于实体工程的砂石料应分不同粒径、不同品种分仓库存放，不得混堆或交叉堆放。料场应采用不小于 30 cm 厚的混凝土墙体等构造物（高度一般不小于 2.5 m）隔开，场内地面应设坡度，确保不积水。

砂石料应按规定进行材料的质量检验状态标识，标识包括材料名称、产地、规格、数量、进料时间、检验状态、试验报告号、检验批次等。

3）钢材存放

钢筋、钢绞线、型钢等钢材应按不同钢种、等级、牌号、规格及生产厂家分类存放在仓库或防雨棚内，并挂牌标识。地面应做硬化处理，并垫高不小于 30cm，严禁与潮湿地面接触，不得与酸、盐、油类等物堆放一起。

钢筋场内需设置不小于 3 m×12 m 的废料堆放区，加工过程中产生的钢筋废料统一堆放处理。

（七）安排项目组织管理机构

在公路施工现场的施工机构一般以项目部的形式组建，它是以具体的施工项目为对象,以实现质量、工期、成本、安全和文明施工相统一的综合效益为目标的项目管理机构,它是在项目负责人领导下,负责施工项目从开工到完工的全过程施工生产经营管理,是企业在某一项目上的管理层,同时对作业层有管理和服务的双重功能。

1. 项目组织管理机构设置的原则

项目组织管理机构设置的原则如下:

(1)要根据所设计的项目管理形式设置机构,因为不同组织形式对机构的管理力量和管理职责提出不同的管理环境。

(2)机构的设置必须满足项目管理功能的需求,即根据工程项目的规范、复杂程度和专业特点设置机构。

(3)机构必须根据项目内容和不同阶段需求实行弹性建制,即一方面根据项目任务、特点确定相应的管理职能部门,另一方面根据规划和实施进行随时增减各部门内部人数,满足项目管理的需要,保持动态平衡。

(4)机构设置要坚持现代管理的组织原则,反映实现管理目标的内在要求,体现精干、高效、责权利相统一的特点。

(5)机构的人员配备应面向施工现场,满足现场计划与高度、技术与质量、成本与核算、劳务与物质、安全与文明施工的需要。

2. 施工项目管理的机构设置及职责

项目部机构的设置应满足现场管理的要求,一般应设有满足计划、合同、技术、质量、安全、财务、设备物资、综合、试验等要求的职能部门,其组织机构框架图可参考图 2-2 设置。

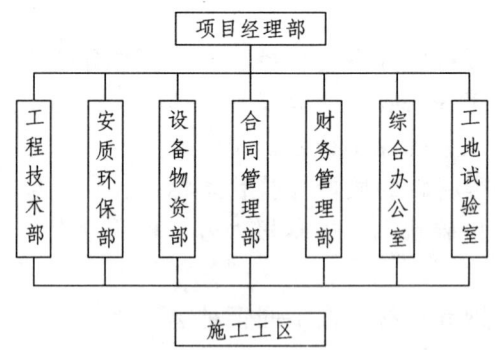

图 2-2 项目组织机构框架参考图

(1)工程技术部:负责工程计划的编制实施,材料消耗计划的编制,组织工程的施工,内业工作的管理。负责技术交底,会同业主、监理、设计方进行施工工艺的改进和提高施工技术。

(2)安质环保部:收集整理并贯彻执行国家、地方、行业、建设单位和企业内容有关安全、质量、环保法律、法规、规程和标准,并对落实情况进行检查。

（3）设备物资部：负责项目部设备物资的管理、协调、指导、检查、评比工作。制定本部门所有人员的岗位职责；负责与试验部门联系，做好进场物资的进场、检验和实验工作，确保进场物资符合要求；负责机械设备的正常工作和维护、维修工作。

（4）合同管理部：负责合同的管理、计量支付、工程结算等工作。

（5）财务管理部：做好本工程项目各项财务收支的计划、控制、分析和考核工作；完善内部控制制度和财务核算；积极参加项目经营管理、经济预测等工作，有效控制施工成本。

（6）综合办公室：负责生产的后勤保障工作及工地宣传、职工培训教育、与地方政府部门和当地群众的协调工作。

（7）工地试验室：负责各种标准实验、检测试验、抽样试验等工作。

（八）合理安排施工总平面图

施工总平面图是一项综合性的规划课题，在很大程度上取决于施工现场的具体条件，必须通过方案的比较和必要的计算与分析才能决定。

1. 施工总平面图的设计原则

施工总平面图的设计应遵循以下设计原则：

（1）在保证施工顺利的前提下，充分利用原地形、地物、少占农田，因地制宜，以降低工程成本。

（2）充分考虑水文、地质、气象等自然条件的影响，尤其要慎重考虑避免自然灾害（如洪水、泥石流）的措施，保护施工现场及周围生态环境。

（3）场区规划必须科学合理，应以生产流程为依据，并有利于生产的连续性。

（4）场内运输形式的选择及线路的布设，应力求材料直达工地，尽量减少二次倒运和缩短运距。

（5）一切设施和布局，必须满足施工进度、方法、工艺流程、机械设备及科学组织生产的需要。

（6）必须符合安全生产、保安防火和文明施工的规定和要求。

2. 施工总平面图布置的内容

施工总平面图包括的内容应根据工程内容和施工组织的需要而定，一般应包括以下几个方面：

（1）原有地形地物。

（2）沿线和生产、行政、生活等区域的规划及其设施。

（3）沿线的便道、便桥及其他临时设施。

（4）基本生产、辅助生产、服务生产设施的平面布置。

（5）安全消防设施。

（6）施工防排水临时设施。

(7) 新建线路中线位置及里程或主要结构物平面位置。

(8) 标出需要拆迁的建筑物。

(9) 划分的施工区段。

(10) 取土和弃土场位置。

(11) 标出已有的公路。

（九）编制质量、安全、环保和文明、特殊季节与环境施工的措施

详细内容参见第五章相关章节。

（十）质量缺陷处理的措施

当项目的某些部分的质量存在有施工质量缺陷时，应采用正确的措施进行处理。施工质量缺陷处理的基本方法有：

1. 返修处理

当项目的某些部分的质量虽然未达到规范、标准或设计规定的要求，存在一定的缺陷，但经过采取整修等措施后可以达到要求的质量标准，又不影响使用功能或外观的要求时，可采取返修处理的方法。如某些混凝土结构表面出现的蜂窝、麻面等。

2. 加固处理

加固处理主要是针对危及结构承载力的质量缺陷的处理。通过加固处理，建筑结构恢复或提高承载力，重新满足结构安全性与可靠性的要求，使结构能继续使用或改作其他用途。

3. 返工处理

当工程质量缺陷经过返修、加固处理后仍不能满足规定的质量标准要求，或不具备补救可能性，必须采取重新施工的返工处理措施。例如：某桥梁工程预应力按规定张拉系数为1.3，而实际仅为0.8，属严重的质量缺陷，也无法修补，只能重新制作。

4. 限制使用

当工程质量缺陷按修补方法处理后无法保证达到规定的使用要求和安全要求，而又无法返工处理的情况，不得已时可作出诸如结构卸荷或减荷以及限制使用的决定。

5. 不作处理

某些质量问题虽然达不到规定的要求或标准，但其情况不严重，对结构安全或使用功能影响很小，经过分析、论证、法定检测单位鉴定和设计单位等认可后可不作专门处理。一般不作专门处理的情况有以下几种：

（1）不影响结构安全和使用功能的。如某部位的混凝土表面的裂缝，经检查分析，属于表面养护不够的干缩微裂，不影响安全和外观，也可不作处理。

（2）后道工序可弥补的质量缺陷。如混凝土结构表面的轻微麻面，可通过后续的抹灰、刮涂、喷涂等弥补，也可不作处理。

（3）法定检测单位鉴定合格的。例如：某检验批混凝土试块强度值不满足规范要求，强度不足，但经法定检测单位对混凝土实体强度进行实际检测后，其实际强度达到规范允许和设计要求值时，可不作处理。

（4）出现的质量缺陷，经检测鉴定达不到设计要求，但经原设计单位核算，仍能满足结构安全和使用功能的。如某一结构构件截面尺寸不足，或材料强度不足，影响结构承载力，但按实际情况进行复核验算后仍能满足设计要求的承载力时，可不进行专门处理。这种做法实际上是挖掘设计潜力或降低设计的安全系数，应谨慎处理。

6. 报废处理

出现质量事故的项目，通过分析或实践，采取上述处理方法后仍不能满足规定的质量要求或标准，则必须予以报废处理。

（十一）编制说明

施工组织的编制说明应包括编制的原则、编制的依据、工程概况等情况的说明。

第三章 施工进度计划

第一节 施工进度计划的概述

一、施工进度计划的作用

施工进度计划是控制工程施工进度和工程竣工期限等各项施工活动的依据,施工组织工作中的其他有关问题都要服从进度计划的要求,如:计划部门提出月、旬作业计划,平衡劳动力计划;材料部门调配材料、构件;设备部门安排施工机具的调度;财务部门的用款计划等均须以施工进度为基础。

施工进度计划反映了工程从施工准备工作开始,直到工程竣工为止的全部施工过程;反映了工程建筑与安装的配合关系,各分部工程及工序之间的衔接关系,所以施工进度计划有助于导部门抓住关键,统筹全局,合理布置人力、物力,正确指导施工生产活动的顺利进行;有利于工人群众明确目标,更好地发挥主动精神;有利于施工企业内部及时配合。

二、编制施工进度计划的依据

(1)工程的全部施工图纸及有关水文、地质、气象和其他技术经济资料。
(2)以开工、竣工为期限,安排施工进度计划。
(3)根据选定的施工方案,配备的人力、机械的数量、计算完成施工项目的工作时间,排出施工进度计划图。
(4)劳动定额和机械使用定额。
(5)劳动力、材料、机械设备供应情况。

三、编制施工进度计划的注意事项

(1)安排工程进度时应充分估计因气候或其他原因的停工时间。
(2)注意施工的季节性。
(3)公路工程是野外施工,影响施工的因素很多,任何周密详尽的计划也很能一一实现。安排工程进度时应保证重点、留有余地、方便调整。

（4）各种施工间歇时间，由于不消耗资源，往往易被忽视。采用网络计划法组织施工时，可以将间歇时间作为一条箭线处理。

（5）对初步方案进行优化时，注意外购材料和各种设备分批到达工地的合同日期，需要这些材料和设备的施工项目的开工时间不得早于到货的合同日期。

第二节　施工进度图的形式

施工进度图通常是以图表表示的，主要形式有：横道图法、垂直图法和网络图法等三种。

一、横道图

1. 横道图的形式

横道图一般是由两大部分组成：左面部分是以分部分项工程为主要内容的表格，包括了相应的工程量、定额和劳动量等计算依据；右面部分是指示图表，它是由左面表格中的有关数据经计算得到的。指示图表用横向线条形象地表示出分部分项工程的施工进度，线的长短表示施工期限；线的位置表示施工过程；线的不同符号表示作业队或施工段，表示出各施工阶段的工期和总工期，并综合反映了各分部分项工程相互间的关系。

以工程案例1为例，其施工进度横道图的基本内容如图3-1所示。

编号	工程名称	工程数量		人数	工期	××××年（月份）									
		单位	数量			1	2	3	4	5	6	7	8	9	10
1	挖基础														
2	铺碎石垫层														
3	砌基础和墙身														
4	抹面														
劳动力分布图															

图 3-1　施工进度横道图

2. 横道图的优缺点

这种表示方法比较简单、直观、易懂，容易编制，但有以下缺点：

（1）工序（工作）之间的逻辑关系可以设法表达，但不易表达清楚。

（2）适用于手工编制计划。

（3）没有通过严谨的进度计划时间参数计算，不能确定计划的关键工作、关建路线与时差。

（4）计划调整只能用手工方式进行，工作量较大。

（5）难以适应大的进度计划。

二、垂直图

垂直图是以纵坐标表示施工日期，以横坐标表示里程或工程位置，而各分部分项工程的施工进度则相应地以不同的斜线表示。工程量在图表上方相应地表示，施工组织平面示意图可在图表的下方相应地表示，资源平衡可在图表右侧以曲线表示。

垂直图的优点是消除了横道图的不足之处，工程项目的相互关系、施工的紧凑程度和施工速度都十分清楚，工程的分布情况和施工日期一目了然，从图中可以直接找出任何一天各施工队的施工地点和应完成的工程数量，但垂直图的缺点如下：

（1）不能反映某项工作提前（或推迟）完成对整个计划的影响程度。

（2）反映不出哪些工程是主要的，不能明确表达出哪些是关键工作。

（3）计划安排的优劣程度很难评价。

（4）不能使用电子计算机，因而绘制和修改进度图的工作量很大。

三、网络图

网络图与横道图、垂直图比较，不但能反映施工进度，而且更能清楚地反映出各个工序、各施工项目之间错综复杂的相互联系、相互制约的生产和协作关系。网络计划技术是从整个系统着眼，它把一项工程作为一个系统，将系统中相互依存、相互制约的要素之间的关系用网络图的形式形象地显示出来。

网络计划技术具有以下优点：

（1）可以把整个工程项目的生产过程的各个环节有机地组织起来，并指明其中的关键所在，从而可使各级领导和管理人员既能统筹安排，考虑全局，又能抓住关键，合理协调资源，实行重点管理。

（2）可反映整个生产过程各项工序（活动）之间的相互制约和相互依赖的关系。

（3）可以进行各种时间计算，能在工序繁多、错综复杂的计划中找出影响工程进度的关键工序，便于管理人员集中精力抓施工中的主要矛盾，确保按期竣工，避免盲目抢工。

（4）能够通过网络中反映出来的各工序的总时差（即机动时间）和局部时差，可以更好地运用和调配人力与设备，节约人力与物力，达到降低成本和加快进度和目的。

（5）能够设计出许多可行方案，并从中选出最佳方案。
（6）可以利用电子计算机进行计算、调整与优化。

网络计划技术不但是一种编制计划的方法，而且还是一种科学的施工管理方法。它有助于管理人员合理地组织生产，使他们做到心中有数，知道管理的重点应该放在何处，怎样缩短工期，在哪里挖掘潜力，如何降低成本。

第三节　施工进度计划的编制

一、编制施工进度计划的步骤

（1）研究施工图纸和有关资料及施工条件。
（2）划分施工项目，计算实际工程数量。
（3）编制合理的施工顺序和选择施工方法。
（4）计算各施工过程的实际工作量（劳动量）。
（5）确定各施工过程的劳动力需要量（及工种）和机械台班数量及规格。
（6）设计与绘制施工进度图。
（7）检查与调整施工进度。

（一）划分施工项目，确定施工方法

在编制单位工程施工进度计划时，首先要划分施工项目的细目，即划分为若干种工序、操作，并填入相应的栏内。划分时应注意：

（1）划分施工项目应与施工方法相一致，使进度计划能够完全符合施工实际进展情况，真正起到指导施工的作用。
（2）划分施工项目的粗细程度一般要按施工定额（施工图阶段按预算定额）的细目和子目来填列，这样既简明清晰，又便于查定额计算。
（3）施工项目在进度计划表内填写时，应按工程的施工顺序排列（指横道图），而且应首先安排好主导工程。
（4）施工项目的划分一定要结合工程结构特点仔细分项填列，切不可漏填，以免影响进度计划的准确性。

选择施工方法首先要考虑工程的特点和机具的性能，其次要考虑施工单位所具有的机具条件和技术状况，最后还要考虑技术操作上的合理性。确定施工方法后，还应根据具体条件选择最先进的、合理的施工组织方法。

（二）编制合理的施工顺序和选择施工方法

编制合理的施工顺序和选择施工方法在第二章节已有论述，这里不再累述。

（三）计算各施工过程的实际工作量（劳动量），确定各施工过程的劳动力需要量（及工种）和机械台班数量及规格

1. 工程数量计算

施工进度计划项目列好以后，即可根据施工图纸及有关工程数量的计算规则，按照施工顺序的排列，分别计算各个施工过程的工程数量并填入表中。工程数量的计算单位，应与相应定额的计算单位相一致。

2. 劳动量计算

所谓劳动量，就是施工过程的工程量与相应的时间定额的乘积。如劳动力数量与生产周期的乘积，机械台数与生产周期的乘积。

人工操作时叫劳动量，机械操作时又叫作业量。

劳动量可按下式计算：

$$D = \frac{Q}{C} \quad 或 \quad D = Q \cdot S \qquad (3-1)$$

式中　D——劳动量（工日或台班）；
　　　Q——工程量；
　　　C——产量定额（S——时间定额）。

劳动量的计量单位，对于人工为"工日"，对于机械则为"台班"。计算劳动量时，应根据现行的相应定额（施工定额或预算定额）计算。受施工条件或施工单位人力、设备数量的限制，对生产周期起控制作用的那个劳动量称为主导劳动量。一般取生产周期较长的劳动量作为主导劳动量。

3. 生产周期计算

由于要求工期不同和施工条件的差异，其具体计算方法有以下两种：

（1）以施工单位现有的人力、机械的实际生产能力以及工作面大小，来确定完成该劳动量所需的持续时间（周期）。一般可按下式计算：

$$T = \frac{D}{R \cdot n} \qquad (3-2)$$

式中　T——生产周期（即持续天数）；
　　　D——劳动量（工日或台班）；
　　　R——人数或机械台数；
　　　n——生产工作班制数，一般情况，除潜水工作每工日 6 h，隧道工作每工日 7 h 外，其余均按 8 h 计算。

（2）根据规定的工期来确定施工队（班组）人数或机械台数。

在某些情况下，可以根据已规定的或后续工序需要的工期，来计算在一班制、二班制或三班制条件下，完成劳动量所需作业队的人数或机械台数。一般按下式计算：

$$R = \frac{D}{t \cdot n} \tag{3-3}$$

施工队（班组）人数和机械台数的确定应根据工期一定、资源均衡的原则进行设计与调整。

对于不同的工程进度安排，劳动力需要量图呈现不同的形状，一般可归纳成如图3-2所示的三种典型的图式。图3-2（a）出现短暂的劳动力高峰，图3-2（b）劳动力数量频繁波动，这两种都不便于施工管理并增大了临时生活设施的规范，应尽量避免。图3-2（c）在一个较长时间内劳动力保持均衡，符合施工规律，是最理想的状况。

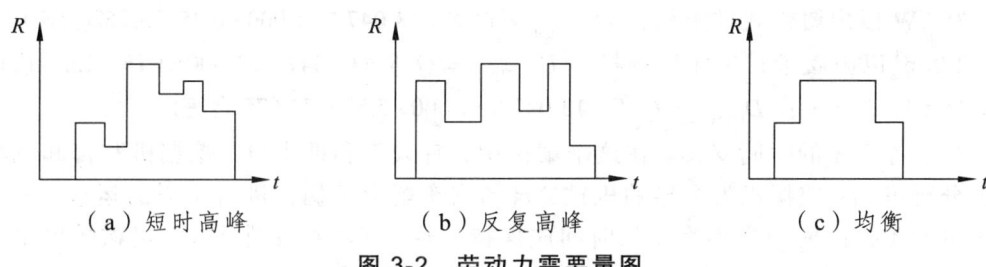

图3-2 劳动力需要量图

一般情况，工程上引入劳动力不均衡系数 K 来定量分析劳动力分配是否均衡。劳动力不均衡系数 K 的计算如式3-4所示。

$$K = \frac{R_{max}}{R_{平均}} \tag{3-4}$$

式中 K——劳动力不均衡系数；

R_{max}——施工期中人数最高峰值；

$R_{平均}$——施工期间加权平均工人人数。

一般情况下，劳动力不均衡系数 K 的值应大于1，但不超过1.5。要做到这一点通常都要多次调整工程进度图。

（四）工程案例分析

以工程案例1为例，试确定施工图阶段的各工序的工期。

分析过程：

1. 选择相应的定额

因属于施工图阶段，所以采用《公路工程预算定额》。

2. 计算工程数量

根据工程案例1某合同段挡土墙的设计图纸的工程数量。

挖基础：

（1）计算图纸工程数量：

根据工程设计图纸可知：挖基础分为挖普通土 13 047.5 m^3 和挖软石 3 261.8 m^3。

（2）选择施工方法，确定相应的定额表号及内容。

要完成挖普通土方和挖石方的工作内容，根据《公路工程预算定额》的内容可知：挖方的方法有三种：一种是人工挖运土方；一种是机械配合人工挖运土方和另一种是机械挖运土方。根据设计图纸场地及现有工程施工水平的安排，选择用机械挖运土方。即选用的定额为：挖普通土为[12-（1-1-9）-8]（备注：此处表示的格式为：[页—表—栏]）和挖软石为[13-（1-1-9）-13]以及自卸汽车在有效运输距离内的运输[16-（1-1-11）-21]和[19-（1-1-11）-49]。

以挖基础（土方）工程的计算过程为例，具体的计算如下：

人工：$D_{人工} = Q \cdot S = 13\,047.5 \div 1\,000 \times 4.5 = 58.71$(工日)

75 kW 以内履带式推土机：$D_{75推土机} = Q \cdot S = 13\,047.5 \div 1\,000 \times 0.25 = 3.262$(台班)

2.0 m³ 以内履带式单斗挖掘机：$D_{2.0挖掘机} = Q \cdot S = 13\,047.5 \div 1\,000 \times 1.15 = 15$(台班)

15 t 自卸汽车：$D_{15t汽车} = Q \cdot S = 13\,047.5 \div 1\,000 \times 5.57 = 72.675$(台班)

对于各工序的时间安排。在这个案例中，有人工和推土机、挖掘机和自卸汽车。通过分析可知：挖掘机为主导的机械，自卸汽车配合挖掘机进行土方的运输。因此，挖掘机的工作时间与自卸汽车的时间应保持一致。同时在安排人工、机械的数量时，要考虑人工、机械对工作面的要求。除特殊要求外，原则上考虑一班制 8 h 的工作时间。则，挖基础（土方）工程各工序的工作时间安排如下：

人工：$T_{人工} = D/R \cdot n = 58.71 \div 4(人数) \div 1(班制) = 14.67(天)$ 取$T_{人工} = 15(天)$

75 kW 以内履带式推土机：

$$T_{75推土机} = D/R \cdot n = 3.262 \div 1 \div 1 = 3.262(天)\ 取T_{推土机} = 4(天)$$

2.0 m³ 以内履带式单斗挖掘机，安排一台挖掘机，一班制所需要的时间为：

$$T_{2.0挖掘机} = D/R \cdot n = 15 \div 1 \div 1 = 15(天)$$

15 t 自卸汽车：$T_{15t汽车} = D/R \cdot n = 72.675 \div 5 \div 1 = 14.535\ 取T_{自卸汽车} = 15(天)$

2.0 m³ 以内履带式单斗挖掘机，安排一台挖掘机，一班制所需要的时间为：

$$T_{2.0挖掘机} = D/R \cdot n = 15 \div 1 \div 1 = 15(天)$$

一般情况下，在计算过程中的生产周期有小数点时，无论小数点后数值的大小，均取整。

注意事项：在计算工期时，应充分考虑到在施工的具体环境中，挖掘机挖土方与挖石方的机械应为同一批，自卸汽车运输土石方也应为同一批。因此，在本工序计算的过程中，挖土石方的机械数量应为同一类型的机械且数量应相同。具体计算过程见表 3-1。

工序工期的确定应考虑在工序中主导机械的作业时间、各工作间的逻辑关系，以及结合编制施工进度计划的注意事项综合考虑后确定。以挡土墙工程的挖土方工序为例，挖土方工作的工作时间为：以履带式单斗挖掘机的工期 15 天为主，考虑人工及推土机的作业天数及与履带式单斗挖掘机之间的逻辑关系，以及结合编制施工进度的注意事项，此处挖基础（土）方的工期应为 17 天。

将各项计算结果汇总到表 3-1 中。其他的计算过程和上述一致。这里就不再累述。计算结果如表 3-1 所示。为了方便后面理论的学习过程，将材料的内容也列在了本表的相关部分。

表 3-1 挡土墙各工序计算过程结果及材料情况表

工程名称：挡土墙工程

编号	工程名称	单位	工程数量	定额表号	劳动量	班制	人数/人或台数/台	时间/天	备注
1	挖基础（土方）								
	人工	工日	13 047.5 m³	12-(1-1-9)-8	58.71	1	4	15	工期为15天
	75 kW 以内履带式推土机	台班	13 047.5 m³	12-(1-1-9)-8	3.262	1	1	4	
	2.0 m³ 以内履带式单斗挖掘机	台班	13 047.5 m³	12-(1-1-9)-8	15	1	1	15	
	15 t 以内的自卸汽车	台班	13 047.5 m³	16-(1-1-11)-21	72.675	1	5	15	
2	挖基础(石方)								
	2.0 m³ 以内履带式单斗挖掘机	台班	3 261.8 m³	13-(1-1-9)-13	5.773	1	1	6	工期为6天
	15 t 以内的自卸汽车	台班	3 261.8 m³	19-(1-1-11)-49	29.878	1	5	6	
3	铺碎石垫层								
	人工		1 747.5 m³	73-(1-3-12)-4	79.511	1	13	7	工期为7天
	75 kW 以内履带式推土机		1 747.5 m³	73-(1-3-12)-4	4.386	1	1	5	
	12～15 t 光轮压路机		1 747.5 m³	73-(1-3-12)-4	5.644	1	1	6	
	碎石		1 747.5 m³	73-(1-3-12)-4					数量=2 097 m³
4	砌基础								
	人工	工日	2 203.32 m³	748-(5-1-15)-5	1762.656	1	60	30	工期为30天
	32.5 级水泥	t	2 203.32 m³	748-(5-1-15)-5					数量=168.11 t
	水	m³	2 203.32 m³	748-(5-1-15)-5					数量=1 542.32 m³
	中(粗)砂	m³	2 203.32 m³	748-(5-1-15)-5					数量=863.7 m³
	黏土	m³	2 203.32 m³	748-(5-1-15)-5					数量=6.61 m³
	片石	m³	2 203.32 m³	748-(5-1-15)-5					数量=2 533.82 m³
5	砌墙身(片)石								
	人工	工日	4 421.72 m³	748-(5-1-15)-7	5 571.3676	1	60	93	工期为93天
	原木	m³	4 421.72 m³	748-(5-1-15)-7					数量=13.27 m³
	锯材	m³	4 421.72 m³	748-(5-1-15)-7					数量=7.52 m³
	铁钉	kg	4 421.72 m³	748-(5-1-15)-7					数量=44.22 kg

续表

编号	工程名称	单位	工程数量	定额表号	劳动量	班制	人数/人或台数/台	时间/天	备注
6	8～12号铁丝	kg	4 421.72 m³	748-(5-1-15)-7					数量=1 193.86 kg
	32.5级水泥	t	4 421.72 m³	748-(5-1-15)-7					数量=347.55 t
	水	m³	4 421.72 m³	748-(5-1-15)-7					数量=3 095.2 m³
	中(粗)砂	m³	4 421.72 m³	748-(5-1-15)-7					数量=1 764.27 m³
	黏土	m³	4 421.72 m³	748-(5-1-15)-7					数量=79.59 m³
	片石	m³	4 421.72 m³	748-(5-1-15)-7					数量=5 084.98 m³
	碎(8 cm)	m³	4 421.72 m³	748-(5-1-15)-7					数量=48.64 m³
7	砌墙身(块)石								
	人工	工日	1 748.46 m³	748-(5-1-15)-8	2 482.813	1	60	42	工期为42天
	原木	m³	1 748.46 m³	748-(5-1-15)-8					数量=5.25 m³
	锯材	m³	1 748.46 m³	748-(5-1-15)-8					数量=29.72 m³
	铁钉	kg	1 748.46 m³	748-(5-1-15)-8					数量=17.48 kg
	8～12号铁丝	kg	1 748.46 m³	748-(5-1-15)-8					数量=472.08 kg
	32.5级水泥	t	1 748.46 m³	748-(5-1-15)-8					数量=105.08 t
	水	m³	1 748.46 m³	748-(5-1-15)-8					数量=1 223.92 m³
	中(粗)砂	m³	1 748.46 m³	748-(5-1-15)-8					数量=536.78 m³
	黏土	m³	1 748.46 m³	748-(5-1-15)-8					数量=31.47 m³
	碎(8 cm)	m³	1 748.46 m³	748-(5-1-15)-8					数量=19.23 m³
	块石	m³	1 748.46 m³	748-(5-1-15)-8					数量=1 835.89 m³
8	抹面								
	人工	工日	1 046.7 m³	686-(4-11-6)-6	124.56	1	10	13	工期为13天
	32.5级水泥	t	1 046.7 m³	686-(4-11-6)-6					数量=2.46 t
	水	m³	1 046.7 m³	686-(4-11-6)-6					数量=146.54 m³
	中(粗)砂	m³	1 046.7 m³	686-(4-11-6)-6					数量=8.16 m³

说明：根据《公路工程概预算编制办法》中的相关说明，表中"备注"中的数量=工程数量÷定额单位×定额值。

（五）施工进度图的编制

在计算完上述的步骤后，就可以着手编制不同阶段的施工进度计划。

1. 横道图法的编制步骤

（1）按图 3-1 的格式绘制空白横道图。

（2）根据设计图纸、施工方法、定额、概预算（指施工图设计和施工阶段）进行列项，并按施工顺序计算工程量、劳动量、对人数和机械数量做出相应的安排，并计算施工表 3-1 相应的各栏中。

（3）逐项选定定额，将其编号填入图 3-2 中。

（4）进行劳动量计算。

（5）按施工力量（作业队、班、组人数、机械台数）以及工作班制按式（3-2）计算所需施工周期（即工作日数）；或按限定的周期以及工作班制、劳动量确定作业队、班（组）的人数或机械台数，将计算结果填入图 3-2 相应栏内。

（6）按计算的各施工过程的周期，并根据施工过程之间的逻辑关系，安排施工组织方法。以工程案例 1 为例，按顺序作业的方法完成该挡土墙工程所需的工期为206（天），其横道图如图 3-3 所示。

编号	工程名称	工程数量		人数/人	工期/天	XXXX 年/月份									
		单位	数量			1	2	3	4	5	6	7	8	9	10
1	挖基础	m³	16 309.3	4	21										
2	铺碎石垫层	m³	1 747.5	13	7										
3	砌基础和墙身	m³	6 625.04	60	165										
4	抹面	m³	1 046.7	10	13										
	本分项工程的总工期				210										

图 3-3　工程案例 1 的横道图

（7）绘制劳动力分布图，并计算劳动力不均衡系数。

（8）进行反复调整与平衡，最后择优选择最优方案。

施工进度计划初步完成后，应按照施工过程的连续性、协调性、均衡性及经济性等基本原则进行检查与调整。

2. 施工工期和劳动力均衡性的调整

（1）如果要使工期缩短，则可对工期较长的主导劳动量施工采取措施，如增加班制或工人数（包括机械数量），来达到缩短总工期的目的。

（2）若所编计划的工期不允许再延长，而劳动力出现较大的均衡，则可在允许的范围内，通过调整工序的开工或完工日期，使劳动力需要量较为均衡。

二、流水施工的基本原理

为了更好地理解横道图的绘制过程，按流水施工的方法安排施工组织，我们必须引入一些量的描述，这些量称为流水参数。流水施工的主要参数按性质不同，可以分为工艺参数、时间参数和空间参数三大类。

（一）工艺参数

工艺参数是指在组织流水施工时，用以表达流水施工在施工工艺方面进展状态的参数，通过包括施工过程和流水强度两个参数。

1. 施工过程数 n

根据具体情况，可把一个综合的施工过程划分为若干具有独自工艺特点的个别施工过程，划分的数量 n 称为施工过程数（工序数）。由于每一个施工过程一般由专业班组承担，故施工班组（或队）数等于 n。

施工过程数要根据构造物的复杂程度和施工方法来确定。太多、太细，给计算增添麻烦，在施工进度计划上也会带来主次不分的缺点；太少则会使计划过于笼统，而失去指导施工的作用。

2. 流水强度 V

流水强度又称流水能力、生产能力，某一施工过程在单位时间内所完成的工程量叫流水强度（如浇捣混凝土时，每工作班浇捣的混凝土的数量）。

（1）机械施工过程的流水强度按下式计算：

$$V = \sum_{i=1}^{x} R_i \cdot S_i (或 = \sum_{i=1}^{x} R_i \cdot C_i) \tag{3-5}$$

式中　V——某施工过程的流水强度；

　　　R_i——某种施工机械台数；

　　　S_i（或 C_i）——该种施工机械台班生产率（即台班产量定额）；

　　　x——用同一施工过程的主导施工机械种数。

（2）手工操作过程的流水强度按下式计算：

$$V = R \cdot C \tag{3-6}$$

式中　R——每一工作队人数（R 应小于工作面上允许容纳的最多人数）；

　　　C——每一工人每班产量（即劳动产量定额）。

（二）时间参数

时间参数指在组织流水施工时，用以表达施工在时间安排上所处状态的参数，主要包括流水节拍、流水步距。

1. 流水节拍 t_i

流水节拍是某个专业施工队（或作业班组）在某个施工段上的施工时间。第 j 个专业施工队在第 i 个施工段的流水节拍一般用 $t_{j,i}$ 来表示，（$j=1,2,\cdots,n$）

（$i=1,2,\cdots,m$）。它的大小关系着投入的劳动力、机械和材料量的多少，决定着施工的速度和施工的节奏性。一般流水节拍小，其流水速度快，节奏感强。

流水节拍通常有两种确定方法，一种是根据工期要求来确定，另一种是根据现有能投入的资源（劳动力、机械台班数和材料量）来确定。流水节拍按下式计算：

（1）定额计算法：

$$t_i = \frac{Q_i}{C \cdot R \cdot n \cdot \delta} = \frac{P_i}{R \cdot n \cdot \delta} \qquad (3\text{-}7)$$

式中 Q_i——某施工段的工作量（$i=1,2,3,\cdots,m$）；

C——每一工日（或台班）的计划产量（产量定额）；

R——施工人数（或机械台数）；

P_i——每某施工段所需要的劳动量（或机械台班量）。

n——作业班制，不可能大于 3；

δ——资源的使用效率。

（2）经验估算法：

在采用新结构、新工艺、新方法和新材料等没有定额可循的工程项目，可根据以往的施工经验估算流水节拍。

2. 流水步距 B_{ij} 或 $K_{j,j+1}$

组织流水施工时，相邻两个的施工过程（或专业工作队）相继开始施工的最小间隔时间，叫流水步距。流水步距一般用 B_{ij} 或 $K_{j,j+1}$ 来表示，其中 j（$j=1$，$2,\cdots,n-1$）为专业工作队或施工过程的编号。其数目取决于参加流水的施工过程数，如施工过程数为 n，则流水步距的总数为（$n-1$）个。确定流水步距的基本要求是：

（1）始终保持两施工过程的先后工艺顺序。

（2）保持各施工过程的连续作业。

（3）做到前后两施工过程施工时间的最大搭接。

（4）流水步距与流水节拍保持一定关系，它应满足一定的施工工艺、组织条件及质量要求，例如钻孔灌注桩工程，必须保证钻孔与灌注混凝土两道工序紧密衔接（防止塌孔）。

（三）空间参数

空间参数指在组织流水施工时，用以表达流水施工在空间布置上开展状态的参数。通常包括工作面和施工段。

1. 工作面 A

工作面又称工作前线 L，指供某专业工种的工人或某种施工机械进行施工的活动空间。它的大小可表明施工对象上能安置多少工人操作和布置机械台数的多少，也就是反映施工过程在空间上布置的可能性。在确定一个施工过程必要的工作面时，不仅要考虑前一施工过程为这个施工过程可能提供的工作面大小，也要遵守安全技术和施工技术规范的规定。

2. 施工段数 m

在组织流水施工时，通常把施工对象划分为所需劳动量大致相等的若干段，这些段就叫施工段。每一施工段在某一时间内只供一个施工队完成其承担的施工过程。施工段的数目用 m 表示。

在划分施工段时，应考虑以下几点：

（1）施工段的分界同施工对象的结构界限（温度缝、沉降缝和单元尺寸等）取得一致。

（2）各施工段上所消耗的劳动量大致相等。

（3）每段要有足够的工作面，使工人操作方便，既有利于提高工效，又能保证施工安全。

（4）划分段数的多少，应考虑机械使用效能、工人的劳动组合、材料供应情况、施工规模大小等因素。

三、流水施工类型及总工期

由于工程构造物的复杂程度不同，所处的具体位置多变以及工程性质各异等因素的影响，流水施工的组织可分为有节拍流水和无节拍流水。有节拍流水施工指在组织流水施工时，每一个过程在各个施工段上的流水节拍都有各自相等的流水施工，其中有节拍流水又分为固定节拍（或全等节拍流水）、成倍节拍流水和分别流水。无节拍流水指在组织流水施工时，全部或部分施工过程在各个施工段上的流水节拍不相等的流水施工，是施工中最常见的一种。

1. 固定节拍流水（全等节拍流）

所谓固定节拍流水，是指各施工过程的流水节拍 t_i 与相邻施工过程之间的流水步距 $K_{j,j+1}$ 完全相等的流水施工，即 $t_{j,i} = K_{j,j+1} = $ 常数，亦即是各专业施工队在所有施工段上的作业时间均相等。

特点：

（1）所有施工过程在各个施工段上的流水节拍均相等。

（2）相邻施工过程的流水步距相等，且等于流水节拍。

（3）专业工作队数等于施工过程数，即每一个施工过程成立一个专业工作队。

例：某工程的综合施工过程分为 3 个施工段，5 道工序，且为固定节拍流水作业。已知每道工序的流水节拍 $t_i = 2$ 天，$B_{ij} = 2$ 天。确定施工组织的方法，绘制施工进度图，计算总工期。

解：分析已知 $m=3$，$n=5$，$t_i=K_{j,j+1}=2$；固定节拍流水的总工期为：

$$T=(n-1)K_{j,j+1}+m\cdot t_i=(m+n-1)t_i=(3+5-1)\times 2=14\text{ d}$$

施工项目	施 工 进 度 /d													
	1	2	3	4	5	6	7	8	9	10	11	12	13	14
A	1		2		3									
B			1		2		3							
C					1		2		3					
D							1		2		3			
E									1		2		3	

图 3-4　固定节拍流水

固定节拍流水施工的总工期为：

$$T=(n-1)K_{j,j+1}+m\cdot t_{j,i}=(m+n-1)\cdot t_{j,i} \quad (3-8)$$

其中　T——施工总工期；
　　　n——施工工序（或施工队数）；
　　　m——施工段；
　　　$K_{j,j+1}$——流水步距；
　　　$t_{j,i}$——流水节拍。

2. 成倍节拍流水

当各施工过程的流水节拍彼此不相等，但有互成倍数的常数关系时，如仍按全等节拍流水组织施工则会造成施工队窝工或作业面间歇，从而导致总工期延长。此时，为了使各施工队仍能连续、均衡地依次在各施工段上施工，应按成倍节拍流水组织施工。其步骤如下：

（1）求各流水节拍的最大公约数 K，它相当于各施工过程都共同遵守的"公共流水步距"，为了使用方便和便于与其他流水作业法比较起见，今后仍称这个 K 为流水步距。

（2）求各施工过程的专业施工队数目 b_i。每个施工过程的流水节拍 t_i 是 K 的几倍，就应安排几个施工队，才能保证均衡施工。同一施工项目的各个施工队依次相隔 K 天投入流水施工，因此，施工队数目 b_i 按下式计算：

$$b_i=\frac{t_i}{k} \quad (3-9)$$

（3）将专业施工队数目的总和 $\sum b_i$ 看成是施工过程数 n，将 K 看成是流水步距后，按全等节拍流水的方法安排施工进度。

（4）计算总工期 T，由于 $n = b_i$，因此可以按式（3-10）来计算总工期：

$$T = \left(m + \sum b_i - 1\right)K \tag{3-10}$$

式中 K 是各流水节拍的最大公约数。

3. 分别流水

所谓分别流水是指各施工过程的流水节拍各自保持不变（$t_{j,i}$ = 常数），但不存在最大公约数，流水步距 $K_{j,j+1}$ 也是一个变数的流水作业。分别流水作业的组织方法用图 3-5 说明。

组织分别流水施工时，首先应保证各施工过程本身均衡而不间断地进行，然后将各施工过程彼此搭接协调。也就是说，既要避免各施工过程之间发生矛盾，也要尽可能减少作业面的间隙时间，使整个施工安排保持最大程度的紧凑，以达到缩短工期的目的。

由于流水步距是个变数，因此必须个别确定，这对各施工过程的相互配合和正确搭接是一个很重要的参数。下面用图 3-5 来说明流水步距的计算。

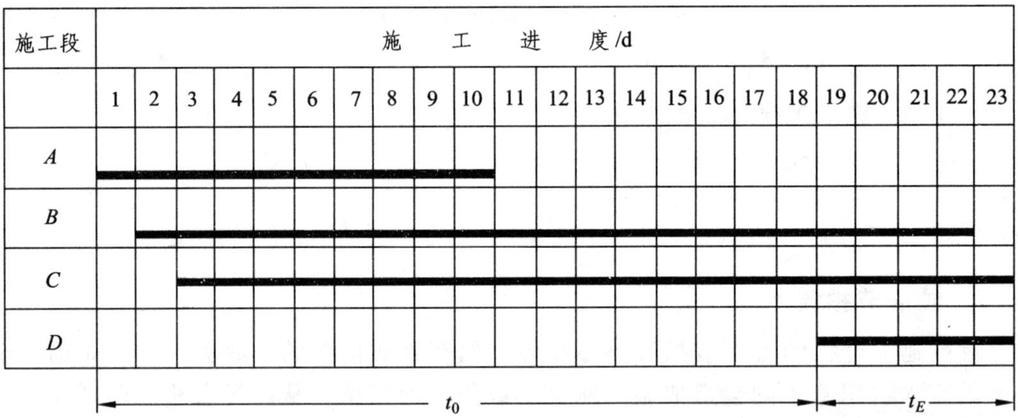

图 3-5 分别流水

（1）当后一个施工过程的作业持续时间（t_{n+1}）等于或大于前一个施工过程的作业持续时（t_n）时，流水步距根据后一个施工过程所要求的时间间隔（或足够的作业面）决定。如图 3-5 中的 A 与 B、B 与 C 之间的情形（图中要求间隔一天）。

（2）当 $t_{n+1} < t_n$ 时，流水步距（B_{n+1}）用下式计算：

$$B_{n+1} = t_n + t_a - t_{n+1} \tag{3-11}$$

式中 t_a——两个相邻施工过程之间必需的最小时间间隔；其余符号意义同前。

当 t_n 和 t_{n+1} 已知，根据安全与技术要求即可决定 t_a 值，则 B_{n+1} 值就可以求得。

t_a 值一般不宜小于 1 d。在图中 3-5 中，C 与 D 之间就属于这种情形。图中 t_n =

$t_C = 20$ d，$t_{n+1} = t_D = 5$ d，$t_a = 1$ d，由式（2-12）计算流水步距为：

$$B_{n+1} = t_n + t_a - t_{n+1} = 20 + 1 - 5 = 16 \text{ d}$$

分别流水的总工期用下式计算：

$$T = t_0 + t_E \tag{3-12}$$

式中　t_E——最后一个专业施工队的作业持续时间；
　　　t_0——流水展开期，为最初施工过程开始至最后的施工过程开始之间的时间间隔。

在实际的道路工程施工中，对于一个专业施工队来说，它可以按固定的流水节拍（或不变的速度）前进。但从整个工程的流水作业组织来看，各专业施工队都按自己的流水节拍（或移动速度）前进，彼此不一定相同，也不一定成倍数关系，这主要是由于机械配备、施工条件、劳动生产率或其他外界因素影响所致。如果要求流水速度绝对统一，必然会使机械效率不能充分发挥或造成某些施工队窝工。为此，需要在统一的进度要求下，各专业队按照本身最合理、施工效率最高的流水速度进行作业。这是组织分别流水作业中应着重考虑和需仔细解决的问题。道路工程的综合施工组织，大都属于这种情况。

4．无节拍流水施工

对于道路工程施工来说，沿线工程量的分布都是不均匀的，而大、中型桥梁或路基土石方的高填深挖，又为集中型工程，因此，实际上各专业施工队在机具和劳动力固定的条件下，流水作业速度不可能保持一致，即各施工段上同一施工过程的流水节拍无法相等。非节奏流水施工的特点如下：

（1）各施工过程在各施工段的流水节拍不全相等。
（2）相邻施工过程的流水步距不全相等。
（3）专业工作队数等于施工过程数。
（4）各专业工作队能够在施工段上连续施工，但有的施工段之间可能有空闲时间。

对于以上情况，只能按照无节拍流水组织施工。基本的组织方法是，统一控制整个工程的总平均速度，再按分别流水的原则处理各施工过程的搭接关系。无节拍流水的各个参数以及总工期的确定，都必须通过对专业施工队逐个落实，反复调整，才能得到满意的结果。

对于无节拍流水施工的流水步距按"数字错位法"计算。其计算步骤如下：

（1）对每一个施工过程在各施工段上的流水节拍依次累加，求得各施工过程流水节拍的累加数列。
（2）将相邻施工过程流水节拍累加数中的后者错后一位，相减后求得一个差数列。
（3）在差数列中取最大值，即为这两个相邻施工过程的流水步距。

案例：下表所示某4个施工段的三项（甲、乙、丙）施工过程所需的作业时间，无节拍流水组织，求各工序（施工过程）之间的流水步距和总工期。

表 3-2

工序\施工段	1	2	3	4
甲	2	3	3	2
乙	2	2	3	3
丙	3	3	3	2

案例分析：由表中数据可以看出：$t_i \neq$ 常数，$B \neq$ 常数，$t_i \neq B$，也非整数倍，故只能作无节拍流水施工组织。采用"相邻队组每段作业时间累加数列错位相减取大差"法的具体做法为：先分别将两相邻工序的每段作业时间（流水节拍）逐项累加，得出两个数列，然后将后工序的累加数列向后错一位对齐，逐个相减，得到第三个数列（仅取正值），从中取大值即为两工序施工队组的流水步距 B。据此可分别计算确定甲与乙，乙与丙的流水步距分别为 4d 和 2d，具体计算方式为：

甲工序的累加数列为：2，2+3 = 5，2+3+3 = 8，2+3+3+2 = 10
乙工序的累加数列为：2，2+2 = 4，2+2+3 = 7，2+2+3+3 = 10
丙工序的累加数列为：3，3+3 = 6，3+3+3 = 9，3+3+3+2 = 11

进行错位相减：

$B_{甲乙}$：

```
     2, 5, 8, 10
(-)     2, 4,  7, 10
     ─────────────────
     2, 3, 4, 3, -
```

$B_{甲乙} = 4$

$B_{乙丙}$：

```
     2, 4, 7, 10
(-)     3, 6, 9, 11
     ─────────────────
     2, 1, 1, 1, -
```

$B_{乙丙} = 2$

用横道图表示出来，这个流水作业施工进度计划就如图 3-6，总工期为 17 d。

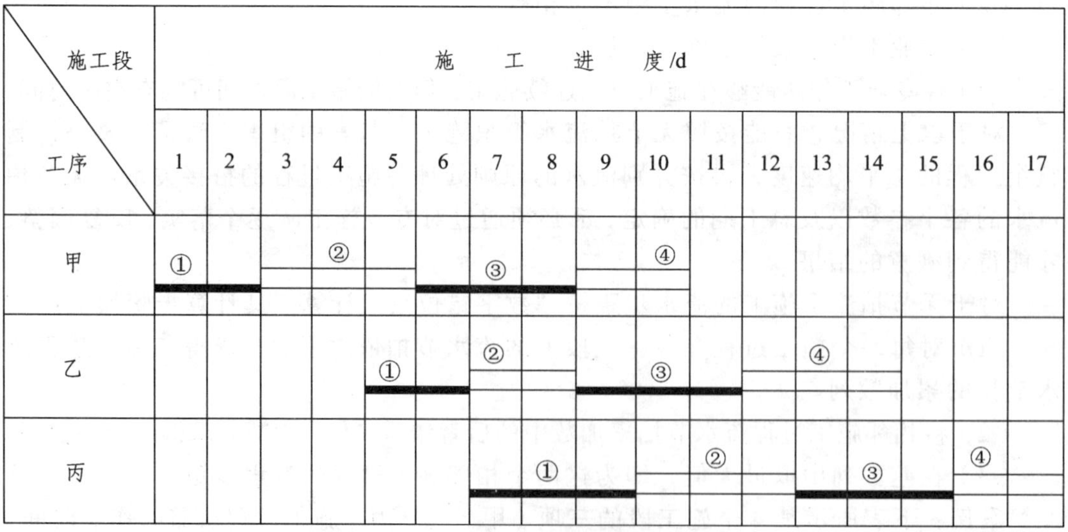

工序\施工段	1	2	3	4	5	6	7	8	9	10	11	12	13	14	15	16	17
甲	①			②			③				④						
乙					①		②			③			④				
丙							①			②			③			④	

图 3-6 流水作业施工进度图

第四节　网络计划图的绘制

一、网络计划技术的概述

网络计划技术是 20 世纪 50 年代国外陆续出现的一些计划管理的方法。由于这些方法将计划的工作关系均建立在网络模型上，把计划的编制、协调、优化和控制有机地结合起来，所以称之为网络计划技术。为了说明网络计划技术，首先要了解什么是网络图。网络图是由箭线和节点组成的，用来表示工作流程的有向、有序的网状图形。常见的网络图分为单代号网络图和双代号网络图两种。在网络图上加注工作的时间参数而编制成进度计划，称为网络计划。用网络计划对任务的工作进度进行安排和控制，以保证实现预定目标的科学的计划管理技术，即称为网络计划技术。

二、网络计划的分类

（一）按性质分类

1. 肯定型网络计划

这是指工作、工作与工作之间的逻辑关系以及工作持续时间都肯定的网络计划。在这种网络计划中，各项工作的持续时间都是确定的单一的数值，整个网络计划有确定的计划总工期。

2. 非肯定型网络计划

这是指工作、工作与工作之间的逻辑关系和工作持续时间三者中一项或多项不肯定的网络计划。在这种网络计划中，各项工作的持续时间只能按概率方法确定出三个值，整个网络计划无确定计划总工期。

（二）按表示方法分类

1. 单代号网络计划

单代号网络计划是以单代号表示法绘制的网络计划。网络图中，每个节点表示一项工作，箭杆仅用来表示各项工作间相互制约、相互依赖的关系。

2. 双代号网络计划

双代号网络计划是以双代号表示法绘制的网络计划。网络图中，箭杆用来表示工作。

（三）按目标分类

1. 单目标网络计划

单目标网络计划是指只有一个终点节点的网络计划，即网络图只具有一个最终目标。

2. 多目标网络计划

多目标网络计划是指终节点不止一个的网络计划。此种网络计划具有若干个独立的最终目标。

(四) 按有无时间坐标分类

1. 时标网络计划

时标网络计划是以时间坐标为尺度绘制的网络计划。

2. 非时标网络计划

非时标网络计划是不按时间坐标绘制的网络计划。

(五) 按层次分类

1. 总网络计划

总网络计划是以整个计划任务为对象编制的网络计划。

2. 局部网络计划

局部网络计划是以计划任务的某一部分为对象编制的网络计划。

(六) 按工作衔接特点分类

1. 普通网络计划

普通网络计划是工作间关系均按首尾衔接关系绘制的网络计划，如单、双代号及概率网络计划。

2. 搭接网络计划

搭接网络计划是按照各种规定的搭接时距绘制的网络计划。由于篇幅有限，本书不做介绍。

3. 流水网络计划

流水网络计划是充分反映流水施工特点的网络计划。

三、网络计划技术在项目计划管理中应用的一般程序

网络计划技术在项目计划管理中的一般应用程序如下。

(一) 准备阶段

1. 确定网络计划目标

在编制网络计划时，首先应根据需要选择确定网络计划的目标。网络计划常见的目标有：

(1) 时间目标。

（2）时间-资源目标。

（3）时间-成本目标。

2. 调查研究

为了使网络计划科学而切合实际，计划编制人员应通过调查研究，拥有足够的、准确的各种资料。其调查研究工作的主要内容包括：

（1）项目有关的工作任务、实施条件、设计数据资料。

（2）有关定额、规程、标准、制度等。

（3）资源需求和供求情况。

（4）有关经验、统计资料和历史资料。

（5）其他有关技术经济资料。

3. 工作方案设计

在计划目标已确定和调查研究的基础上，就可进行工作方案的设计。其主要内容包括：

（1）确定施工顺序。

（2）确定施工方法。

（3）选择需要使用的机械设备。

（4）确定重要的技术政策和组织原则。

（5）对施工中关键问题的技术和组织措施的制定。

（6）确定采用的网络图类型。

在进行工作方案时，应遵循以下几项基本要求：

（1）尽可能地减少不必要的步骤，在工序分析基础上，寻求最佳程序。

（2）工艺应达到技术要求，并保证工程质量和安全。

（3）尽量采取先进技术和先进经验。

（4）组织管理分工合理、职责明确，充分调动全员积极性。

（5）有利于提高劳动生产率，缩短工期，降低成本和提高经济效益。

（二）绘制网络图

1. 项目分解

根据网络计划的管理要求和编制需要，确定项目分解的粗细程度，将项目分解为网络计划的基本组成单元——工作。

2. 逻辑关系分析

逻辑关系分析就是确定各项工作开始的顺序、相互依赖和相互制约关系，它是绘制网络图的基础。

3. 绘制网络图

根据新选定的网络计划类型以及项目分解和逻辑关系表，就可进行网络图的绘制，具体方法见后面几节内容。

（三）时间参数计算

按照网络计划的类型不同，根据相应的方法，即可计算出所绘制网络图的各项时间参数，并确定出关键线路。

（四）编制可行网络计划

1. 检查与调整

对上述网络计划时间参数计算完后，网络计划检查的内容包括：

（1）工期是否符合要求；资源配置是否符合资源供应条件。

（2）成本控制是否符合要求。

（3）关键工作的进度是否满足要求。

（4）非关键工作的进度及时差利用情况。

（5）实际对各项工作之间逻辑关系的影响。

（6）资源状况。

（7）其他问题。

对于网络进度计划调整的主要内容包括：

（1）调整关关键线路的长度。如果工期不满足要求，则应采取适当措施压缩关键的持续时间。

（2）调整非关键工作的时差。

（3）增、减工作项目。

（4）调整逻辑关系。

（5）重新估计某些工作的持续时间。

（6）对资源的投入作相应调整。

2. 编制可行网络计划

对网络计划进行检查和调整之后，必须计算时间参数。根据调整后的网络图和时间参数，重新绘制可行网络计划。

（五）网络计划优化

可行网络计划一般需进行优化，方可编制正式网络计划。

1. 网络计划的优化目标的确定

常见的优化目标有以下几种，可根据工程实际需要进行选择：

（1）工期优化。

（2）"时间固定，资源均衡"的优化。
（3）"资源强度有限，时间最短"的优化。
（4）时间-成本优化。

2. 编制正式网络计划

根据优化结果，即可绘制拟实施的正式网络计划，并编制网络计划说明书，其内容包括：

（1）编制说明。
（2）主要计划指标一览表。
（3）执行计划的关键的说明。
（4）需要解决的问题及主要措施。
（5）其他需要说明的问题。

（六）网络计划的实施

1. 网络计划的贯彻

正式网络计划报请有关部门审批后，即可组织实施。一般应组织宣讲，进行必要的培训，建立相应的组织保证体系，将网络计划中的每一项工作落实到责任单位。作业性网络计划要落实到责任者，并制定相应的保证计划实施的具体措施。

2. 计划执行中的检查和数据采集

为了对网络计划的执行进行控制，必须建立健全相应的检查制度和执行数据采集报告制度。检查和数据采集的主要内容有：关键工作的进度，非关键工作的进度及时差利用，工作逻辑关系的变化情况，资源状况，成本状况，存在的其他问题。对检查的结果和收集反馈的有关数据进行分析，抓住关键，及时制定对策。对网络计划在执行中发生的偏差，应及时予以调整，从而保证计划的顺利实施。计划调整的内容常见的有：工作持续时间的调整，工作项目的调整，资源强度的调整，成本控制。

（七）网络计划的总结分析

为了不断积累经验，提高计划管理水平，应在网络计划完成后，及时进行总结分析，并应形成制度。通常总结分析的内容包括：

（1）各项目的完成情况，包括时间目标、资源目标、成本目标等的完成情况。
（2）计划工作中的问题及原因分析。
（3）计划工作中的经验总结分析。
（4）提高计划工作水平的措施总结等。

将上述的总结分析情况填入表3-3中。

表 3-3　网络计划检查结果分析表

工作编号	工作名称	检查时尚需工作天数	按计划早迟完成尚有天数	总时差/d		自由时差/d		情况分析	措施
				原有	目前尚有	原有	目前尚有		

四、双代号网络图的绘制

（一）双代号网络计划图的组成

双代号网络计划是目前应用较为普遍的一种网络计划形式，它利用网络技术表示一项工程任务或一个计划中各项工作的先后、衔接关系和所需时间、资源且其中工作用两个代号表示的工作流程图。双代号网络图由箭线（工作）、节点和线路（流）三个要素组成，如图 3-7 所示。

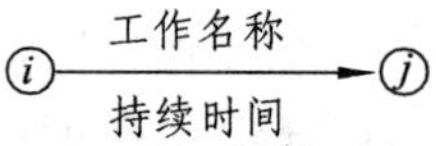

图 3-7　双代号网络图的表示方法

1. 工作（箭线）

工作是泛指一项需要消耗人力、物力和时间的具体活动过程，也称工序、活动、作业。双代号网络图中，每一条箭线表示一项工作。

在网络计划中，工作（工序）可分为实工作（工序）和虚工作（工序）两种。

实工作（工序）用实箭线表示（——→），是指需要消耗时间或资源的工作（工序），如：挖基础、浇筑混凝土等这些工作既消耗资源又消耗时间，而混凝土的养生、稳定类基层的养生就只消耗时间而不消耗资源。

虚工作（工序）用虚箭线表示（----▶），指表示工作既不消耗时间也不消耗资源，而是一个假想的工作，用来表示相邻前后工作之间的逻辑关系。

2. 节　点

节点是网络图中箭线之间的连接点。在时间上节点表示指向某节点的工作全部完成后该节点后面的工作才能开始的瞬间，它反映前后工作的交接点。常用圆圈加一编号表示，如"$\textcircled{i}$"。

3. 线路（流）

线路指网络图中从起点节点开始，沿箭线方向连续通过一系列箭线与节点，最后到达终点节点所经过的通路。在一个网络图中线路有许多条，通过有关计算，可以从中找到工作时间最长的线路，此线路被称为关键线路。工作时间少于关键线路的线路称为非关键线路。位于关键线路上的工序称为关键工序，在网络图中常用粗箭线或双线箭线表示。

关键线中上关键工序完成的快慢直接影响整个工程的工期。但关键线路不是一成不变的，在一定条件下会转化。非关键线路上的工序有一定的机动时间，称为时差，它意味着该工作（工序）开工时间或完成日期容许适当提前或延期而不影响整个计划的按期结束。

（二）双代号网络图的识图

1. 工作的表示方法

一项工作用一条箭线和两个节点表示，节点可以是圆圈，也可以是其他形式，在其中填入编号，如 i、j 等。箭线的箭尾节点 i 表示该工作的开始，箭线的箭头节点 j 表示该工作的完成。工作名称可标注在箭线上方，完成该项工作所需要持续的时间可标注在箭线的下方。由于一项工作需要用一条箭线和其箭尾与箭头处两个圆圈中的号码来表示，故称为双代号网络计划。如图3-7所示。

2. 工作关系及其表示

1）工作关系

工作关系是指工作进行时客观上存在的一种先后次序关系，是由施工组织、施工技术、工艺流程、资源供应、施工场地等决定的。这种关系有三种类型：

紧前工作：就某一项工作而言，紧靠其前的工作称为该工作的紧前工作。

紧后工作：就某一项工作而言，紧靠其后的工作称为该工作的紧后工作。

平行工作：就某一项工作而言，与其平行的工作称为该工作的平行工作。

先行工作：就某一项工作而言，其前面的工作称为该工作的先行工作。

后续工作：就某一项工作而言，其后面的工作称为该工作的后续工作。

该工作本身则可叫本工作。以工程案例1为例，其网络图如图3-8所示。A 工作代表挖基础；B 工作代表铺碎石垫层；C 工作代表砌基础和墙身；D 工作代表抹面。如果以 B 工作为本工作，那么 B 工作的紧前工作是在 B 工作开始节点②结束的工作 A；B 的紧后工作是在 B 工作结点③开始的工作 C；B 的后续工作有工作 D。

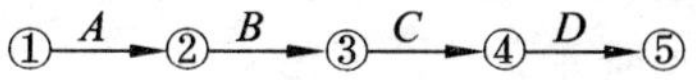

①—A—②—B—③—C—④—D—⑤

图 3-8 工程案例 1 的网络图

2）工作关系的表示

在网络计划图中，各工作之间的关系变化多端。工作间的逻辑关系指各工作在进行作业时，客观上存在的一种先后顺序关系。它是根据施工工艺和施工组织的特定要求，确定出各工作之间的相互依赖和相互制约的关系，以方便绘制网络图。常见的工作间的逻辑有三种：全约束关系、半约束关系和三分之一约束关系。

（1）全约束关系：A、B 工作均完成后同时进行 C 和 D 工作，即 A 工作的紧后工作有 C、D 工作，B 工作的紧后工作也是 C、D 工作。网络计划图如图 3-9 所示。

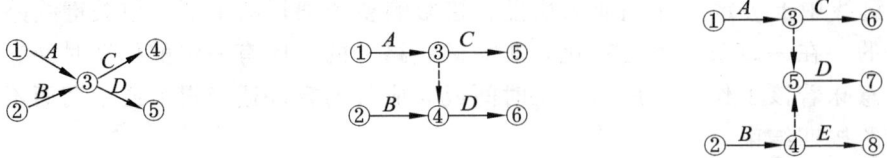

图 3-9　全约束网络计划图　　图 3-10　半约束网络计划图　　图 3-11　三分之一约束网络计划图

（2）半约束关系：A 工作的紧后工作有 C、D 工作，B 工作的紧后工作有 C、D 工作中的一项工作，如 D，其网络计划图如图 3-10 所示。

（3）三分之一约束关系：A 工作的紧后工作有 C、D 工作，B 工作的紧后工作有 D、E 工作，C、D、E 工作只有一项 D 工作是 A 工作的紧后工作，又是 B 工作的紧后工作。其网络计划图可表示为图 3-11。

3. 箭　线

对一个节点而言，可能有许多箭线同时进入或流出该节点，进入节点的箭线称为该节点的内向箭线；流出节点的箭线，称为该节点的外向箭线。

4. 节　点

开始节点：无内向箭线的节点，如图 3-8 中①节点。
结束节点：无外向箭线的节点，如图 3-8 中⑤节点。
中间节点：既有内向箭线又有外向箭线的节点，如图 3-8 中的②、③、④节点。

（三）双代号网络图的绘制基本规则

绘制双代号网络图时，应正确地表达工作间的逻辑关系和引用虚工作并遵循有关绘图的基本规则，否则，绘制的网络图就不能正确地反映工程项目的施工流程和进行时间参数的计算。绘制双代号网络必须遵循以下基本规则：

（1）双代号网络图必须正确表达已确定的逻辑关系。网络图中常见的各种工作逻辑关系的表示方法见表 3-4 所示。

（2）一张网络计划图中只允许有一个起始节点和一个终点节点。

图 3-12 图（a）成图（b）才正确。

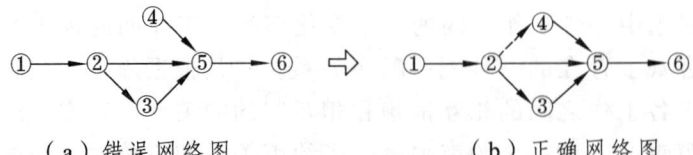

（a）错误网络图　　　　　　（b）正确网络图

图 3-12　网络图的开始、结束节点的画法

（3）一对节点之间只能有一条箭线。

在双代号网络图中，两个代号代表着一项工作，如果一对节点之间有两条甚至更多条箭线存在，就无法分清这两个代号究竟代表哪一项工作。这种情况下正确的表示方法是引入虚箭线。如图3-13（b）所示。

（4）网络计划图中不允许出现闭合回路。

在网络计划中，如果从一个节点出发顺着某一条线路又回到原出发点的线路，称此线路为闭合回路。做工作要消耗时间、资源，而时间一去不复返，显然闭合回路是错误的。图3-14所示即为闭合回路。

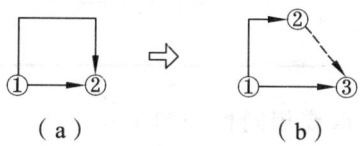

图3-13 网络图一对节点之间
只能有一条箭线的画法

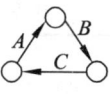

图3-14 网络图闭合回路的错误画法

表3-4 网络图中常见的各种工作逻辑关系的表示方法

序号	工作之间的逻辑关系	网络图中的表示方法
1	A完成后进行B和C	
2	A、B均完成后进行C	
3	A、B均完成后同时进行C和D	
4	A完成后进行C A、B均完成后进行D	
5	A、B均完成后进行D A、B、C均完成后进行E D、E均完成后进行F	
6	A、B均完成后进行C B、D均完成后进行E	
7	A、B、C均完成后进行D B、C均完成后进行E	

续表

序号	工作之间的逻辑关系	网络图中的表示方法
8	A 完成后进行 C A、B 均完成后进行 D B 完成后进行 E	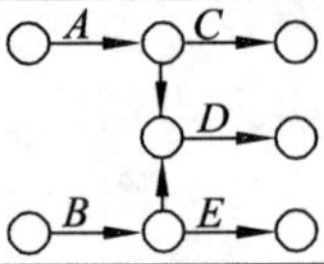
9	A、B 两项工作分成三个施工段，分段流水施工，A_1 完成后进行 A_2、B_1； A_2 完成后进行 A_3、B_2； A_2、B_1 均完成后进行 B_2； A_3、B_2 均完成后进行 B_3	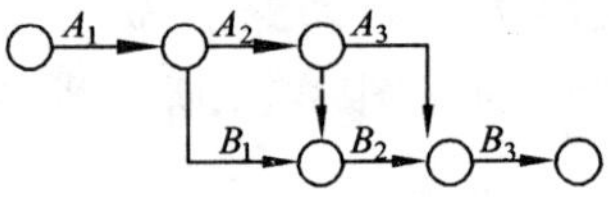

（5）网络计划图中不允许出现相同编号的节点或相同代码的工作。

图 3-15（a）中有两个编号为④的节点。应将网络图修改为图（b）才正确。

图 3-15 网络图编号的画法

（6）一条箭线其箭头节点编号应大于箭尾节点编号。如图 3-16 所示，$j > i$。

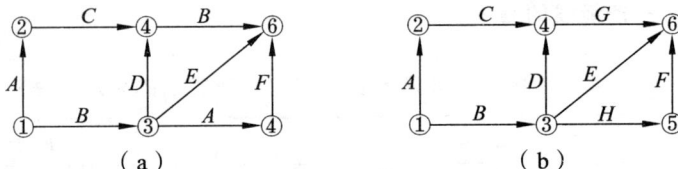

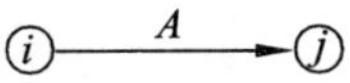

图 3-16 网络图编号的画法

（7）网络计划图的布局应合理，不仅要求工作关系正确，而且要尽量避免箭线的交叉。图 3-17 所示（a）应调整为图示（b）。

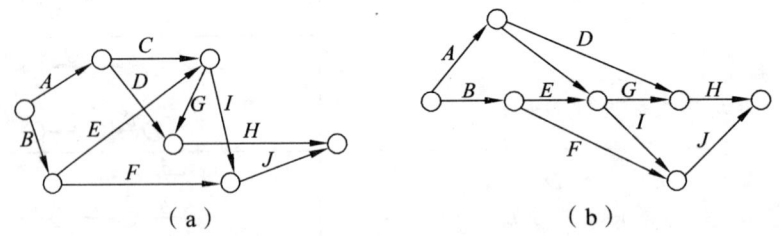

图 3-17 合理布置网络计划图

当箭线的交叉不可避免时，可采用"暗桥""断线"等方法来处理。如图 3-18 所示。

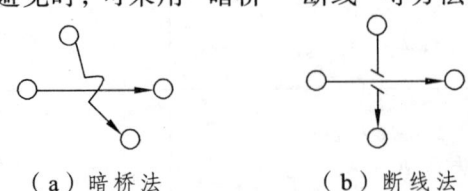

（a）暗桥法 　　　（b）断线法

图 3-18 网络图"暗桥""断线"等的画法

（8）网络计划图中不允许出现线段、双向箭头，并且避免使用反向箭线。

表示工程进度计划网络图是一种施工进程方向的网状流程图，有向线段中箭头方向为施工前进方向，所以不允许出现无箭头的线段和双向箭头的箭线。箭线所表达的工作需要占用时间，而时间是不可逆的，应避免使用反向箭线，否则容易引起闭合回路。地时标网络计划图中，更不允许出现反向箭线。

（9）在绘制网络图时，箭线方向应优先选择由左至右的水平走向或选择与该方向垂直的走向。

（10）双代号网络较长必须附有的基本信息的图例，如图3-19所示。

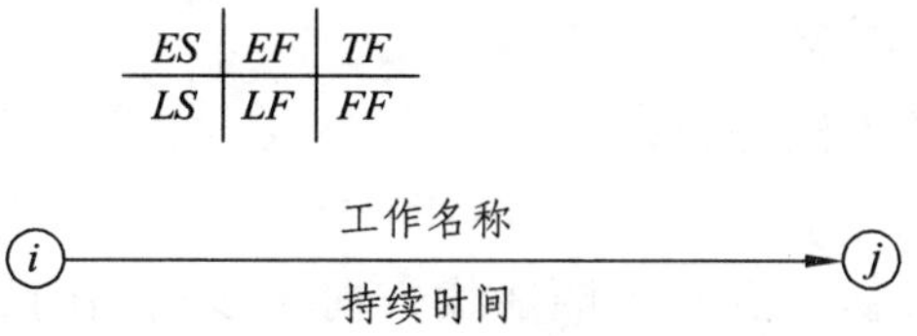

ES-工作最早开始时间； EF-工作最早完成时间； TF-总时差
LS-工作最迟开始时间； LF-工作最迟完成时间； FF-自由时差

图3-19 网络图基本信息图例

（四）双代号网络计划图的绘制

双代号网络计划图的绘制步骤如下：

1. 工程任务分解

按确定的施工方案编制符合施工工艺及施工组织条件的工艺流程，即按施工方案分解若干单项工作，确定工作项目，接着确定这些工作之间的逻辑关系。

2. 确定各单项工作的相互关系

即明确指出各工作在开始之前应完成哪些紧前工作，或者工作结束之后有哪些紧后工作。又要定出各工作可平行的工作内容，以便找出工作之间的相互关系。

3. 确定各单项工作的持续时间

当考虑资源和费用问题时，还应给出相应的数据。确定工作的持续时间至关重要，工作持续时间的可靠性，直接影响计划的质量。若时间定得太短，则会造成人为的紧张局面，甚至工作无法完成；如果时间定得太长，又造成时间上的浪费。

4. 资料列表

以上三项确定之后，应将这些资料填写到工作关系表中去。通常的工作关系表的基本内容包括：工作代号、工作名称、紧后工作（或紧前工作）、持续时间等。如表3-5所示。

表 3-5 网络计划图工作关系表

工作代号	工作名称	紧后工作	紧前工作	持续时间/(天/月)

5. 绘制双代号网络计划草图

草图绘制时，可按下列的方法进行。

1）前进法

前进法，即指从网络图最初节点开始顺箭线方向逐步绘制到最终节点为止。如果给定的是本工作与紧后工作关系，则可按前进法绘制。前进法绘制图的关键是第一步，要正确而又清楚地确定出哪些工作为开始工作。

2）后退法

后退法即指网络图最终节点开始逆箭线方向逐节后退，直到各条线路均退回至网络图最初节点为止。当工作关系表中列出本工作与紧前工作关系时，可按后退法绘制。后退法绘网络图的关键是后退的第一步，也应正确又清楚地确定出哪些工作为结束工作。

3）先粗后细法

在工程进度计划实际网络绘制中，可按先粗略划分工程项目，然后逐步细分，先绘制分项或分部工程的子网络图，再拼成单位工程或单项工程总网络图。因此，工程实际绘制网络计划图时应广泛采用先粗后细法。

6. 整理成图

由于绘制草图时，主要目的是表明各工作关系，所以布局上不是十分合理，同时难免会有多余虚工作等。因而整理草图的工作主要有：去掉多余的虚箭线，调整位置，尽量去掉交叉，检查工作关系，检查是否符合绘图规则，最后给各节点编号。

给节点编号时，网络图简单，则可直观编号；网络图复杂，而节点又多时，可采用编码系统，利用逐点擦去外向箭线法编码。

（五）虚箭线的应用

在绘制工程进度计划网络图时，应根据工作关系的需要增设虚箭线。虚箭线的主要作用有：

（1）虚箭线用于解决工作间逻辑关系的连接。

（2）虚箭线用于解决工作关系的逻辑断路问题。

绘制双代号网络计划时，容易产生错误之处是把不该发生的工作逻辑关系边接起来，使网络图发生与实际不相符的逻辑错误。这时必须引入虚箭线隔断原来没有的工作联系，这种处理方法称为"断路"法。

以工程案例1为例。在该段挡土墙的施工可分解为挖基础、铺碎石、砌基础和墙身、抹面四道工序。在施工组织设计时，分两个施工段采用流水施工的方法。如果绘面图3-20（a）的双代号网络图就错了。因为，第二施工段上的挖基础（挖2）与第一个施工段上的砌基础（砌1）不存在逻辑关系，同样铺碎石垫层（铺2）与抹面也不存在逻辑关系。正确的方法应把不该发生逻辑关系的工序连接引入虚箭线断开，如图3-20（b）所示。此法在流水作业施工进度计划双代号网络图中广泛应用。

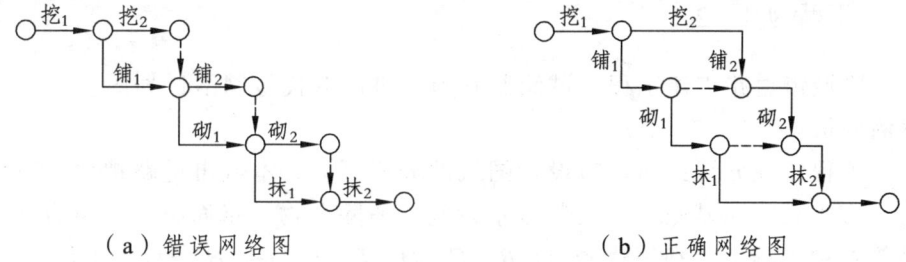

（a）错误网络图　　　　　　　　　（b）正确网络图

图3-20　工程案例1的流水作业网络图

（3）当两项或两项以上的工作同时开始和同时结束时，必须引入虚箭线，以免造成混乱。如图3-21所示。

（4）虚箭线在不同工程项目之间工作有联系时的应用：

例如，甲、乙两项独立的工程项目施工时，应分别绘制双代号网络图；但如果两工程的某些工序需要共用某种施工机械或某个施工技术班组时，就应引入虚箭线表示这些联系。

（5）虚箭线的增设与删除：

从虚工作的作用可以看出，虚箭线在双代号网络图中是很重要的。那么什么情况下引入虚箭线呢？通常是先主动增设虚箭线，待网络图构成后，再删去不必要的虚箭线。删除多余虚箭线的方法有：

① 如果虚箭线是进入一个节点的唯一一条虚箭线，则一般可将这个虚箭线删除，如图3-21所示。

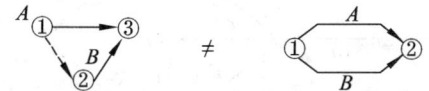

图3-21　虚箭线的删除1

但当这个虚箭线是为了区分两个节点间两个同时开始同时结束的工作时，这个虚箭线不能删除。如图3-22所示。

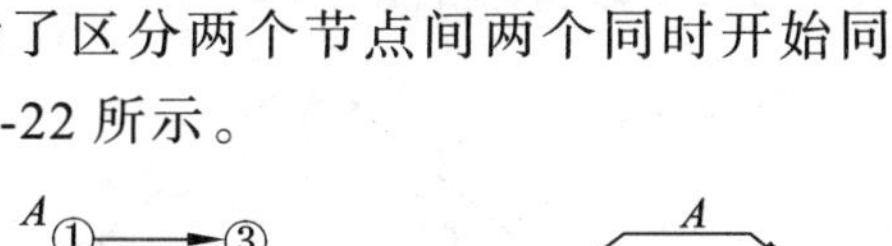

图3-22　虚箭线的删除2

② 当一个节点有两条箭线进入，且均为虚箭线时，则可以消除其中的一条虚箭

线。如图 3-23 所示。

但应注意,是否会改变工作关系,若改变则不能删除。如图 3-24 所示。

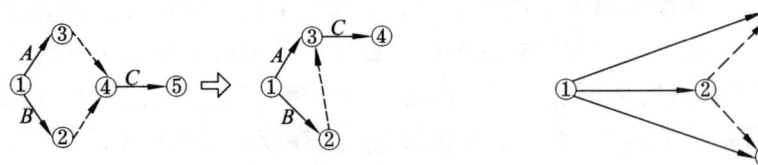
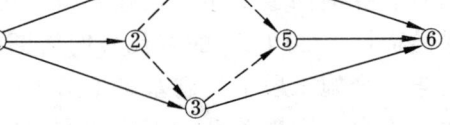

图 3-23　虚箭线的删除 3　　　　　　　图 3-24　虚箭线的删除 3

五、工程实例 2

某一段城市道路扩建工程,试绘制其施工进度双代号网络计划图。

案例分析:

(1) 工程任务分解:通过对设计图纸的分析可知,本城市道路扩建工程可分为测量、土方工程、路基施工、安装排水设施、清除杂物、路面施工、路肩施工、清理场地等八项工程,分别用代号 A、B、C、D、E、F、G、H 表示各工作。

(2) 确定各任务间的相互关系:根据各工作间施工的先后顺序确定各任务间的相互关系。

(3) 确定各项工作的持续时间:各项工作的持续时间的确定可参考工程案例 1 的计算过程进行计算。

(4) 资料列表:通过上述的步骤将各项分析资料列入表 3-6 中。

表 3-6　某城市道路工作项目划分明细表

工作代号	A	B	C	D	E	F	G	H
工作名称	测量	土方工程	路基施工	安装排水	清杂	路面工程	路肩施工	清理现场
紧前工作	—	A	B	B	B	C、D	C、E	F、G
持续时间/d	1	10	2	5	1	3	2	1

(5) 绘图。

绘图前,先找出常见的工作关系。该例中,C、D、F、G 构成半约束关系,另 C、E、F、G 亦为半约束关系。绘图时,注意其绘制方法,即可很顺利地绘制该图。草图可先在草稿纸上绘,图 3-25 为整理后的图。

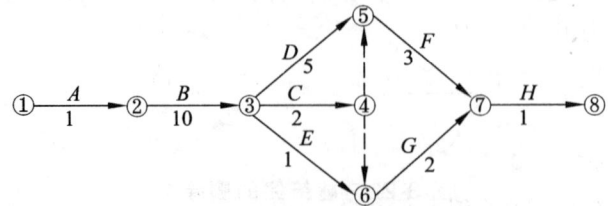

图 3-25　某城市道路扩建工程的双代号网络计划图

第五节 网络计划时间参数的计算及关键线路法

一、时间参数的概述

正确地绘制代表工程项目进度计划的双代号网络图，只是把工程项目工作之间的逻辑关系用网络计划的形式表达出来了。网络计划技术是一种定量分析方法，它可以为工程计划管理提供一系列重要的定量信息，而这些定量信息是通过网络计划图时间参数计算以后获得的。

1. 时间参数的计算目的

通过网络计划图时间参数的计算可以达到以下目的。

（1）确定完成整个计划的总工期，各项工作的最早可能开始时间和最早可能完成时间。

（2）确定各工作的最迟必须开始时间和最迟必须完成时间，各项工作的各种机动时间与计划中的关键工作及关键线路。

（3）是绘制时标网络计划图的基础，网络图经过时间参数计算后，才可绘制时间坐标网络计划图，以便为网络计划下达执行提供依据。

（4）是网络计划调整与优化的前提条件，时间参数计算后发现工期超出合同工期，工程费用消耗过高。由时标网络图上绘出的资源调配图看出资源供应明显不均衡等，必须对原网络计划图进行必要的调整与优化，以达到既定的计划管理目标。

2. 时间参数分类

网络计划的时间参数按其特性可分为控制性时间参数和协调性时间参数两类。控制性时间参数是指节点时间参数和工作时间参数；协调性时间参数是指工作的时差，即机动时间，它意味着一些工作适当地推迟开始或推迟完成时，将影响整个计划的完成时间。

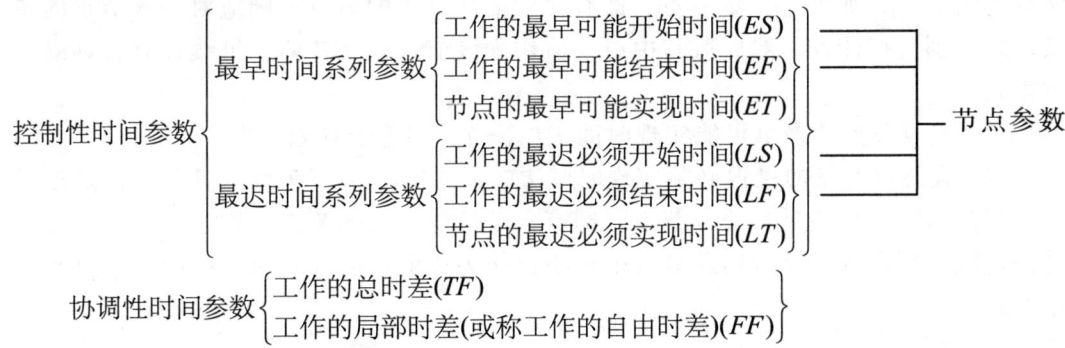

3. 时间参数的计算假定

为了使网络时间参数的持续时间都建立在统一的网络模型上，并共同规定时间计算的起点，必须做出如下的计算假定：

（1）网络计划图中工作的持续时间是已知的，即为肯定型网络模型。

（2）工作的可能开始或完成，或者必须开始或完成时间均以单位时间终了时刻为计算标准。

二、双代号网络参数的计算

（一）节点时间参数计算

1. 节点最早可能实现时间（ET）

节点最早可能实现时间（ET）是指计划起始节点的时间 $ET_{(1)} = 0$ 为起点，沿着各条线路达到每一个节点的时刻，它表示该节点之间工作已经全部完成，其后的紧后工作最早可能开始的时间，如公式（3-13）所示。

$$ET_{(j)} = \max\{ET_{(i)} + t_{(i,j)}\} \quad (j = 2, 3, 4, \cdots, n) \qquad (3\text{-}13)$$

式中　$t_{(i,j)}$ ——工作（i, j）的持续时间；
　　　n ——网络计划图中终节点的编号。

按上式计算得到终节点的最早可能实现时间即是计划的总工期。

$$ET_{(n)} = T$$

2. 节点的最迟实现时间（LT）

节点的最迟实现时间（LT）是指在计划工期确定的情况下，从网络计划图结束节点开始，逆向推算即得各节点的最迟实现时间。先给定 $LT(n) = ET(n) = T$，由此递推：

$$LT_{(i)} = \min\{LT_{(j)} - t_{(i,j)}\} \quad (i = n-1, n-2, \cdots, 2, 1); (j-1 \geq 1) \qquad (3\text{-}14)$$

3. 节点时间参数计算步骤

（1）设起始节点的最早可能实现时间 $ET_{(1)} = 0$，顺前头计算各节点的最早可能实现时间 $ET_{(j)}$；如果是汇集节点，即有多条箭线进入的节点，则应对进入节点的各条箭线分别进行计算，然后取其中最大值作为该节点的 ET 值；继续计算直到终节点得到 $LT_{(i)}$。

（2）终点节点的最早可能实现时间 $ET_{(n)} = T$，即等于计划工期。

（3）设终点节点的最迟必须实现时间 $LT_{(n)} = ET_{(n)}$，逆箭头计算各节点的最迟必须实现时间 $LT_{(i)}$，如果是分枝节点，即有多条箭线发出的节点，则应对发出节点的各条箭线分别进行计算，然后取其中最小值作为该节点的 LT 值；继续计算直到起始节点。

（二）工作时间参数计算

1. 工作的最早可能开始时间（ES）

工作的最早可能开始时间是指一项工作在其紧前工作都结束后，可以开始工作的最早时间。即：

$$ES_{(i,j)} = ET_{(i)} \qquad (3\text{-}15)$$

2. 工作的最早可能结束时间（EF）

工作的最早可能结束时间（EF）是指正常情况下，工作（i, j）若能在最早可能开始时间开始，对应就有一个最早可能结束时间。它就等于箭尾节点的最早可能实现时间或者工作的最早可能开始时间加上工作（i, j）的持续时间 $t_{(i,j)}$，即：

$$\begin{aligned}EF_{(i,j)} &= ET_{(i)} + D_{(i,j)} \\ &= ES_{(i,j)} + D_{(i,j)}\end{aligned} \qquad (3\text{-}16)$$

3. 工作的最迟必须结束时间（LF）

工作的最迟必须结束时间（LF）是指一项工作在不影响工程按总工期结束的条件下，最迟必须结束的时间，它必须在紧后工作开始之前完成。即：

$$LF_{(i,j)} = LT_{(j)} \qquad (3\text{-}17)$$

4. 工作的最迟必须开始时间（LS）

工作的最迟必须开始时间（LS）是指在正常情况下，与工作的最迟必须结束时间相对应，有工作的最迟必须开始时间。工作的最迟完成是因工作的最迟开始造成的，所以工作（i, j）的最迟必须开始时间 $LS_{(i,j)}$ 应等于工作（i, j）的最迟结束时间 $LF_{(i,j)}$ 减去该工作（i, j）的持续时间 $t_{(i,j)}$。即：

$$LS_{(i,j)} = LF_{(i,j)} - t_{(i,j)} \qquad (3\text{-}18)$$

（三）工作时差的计算

1. 总时差（TF）

工作（i, j）的总时差 $TF_{(i,j)}$ 是指在不影响任何一项紧后工作（j, k）的最迟开始时间的条件下，本工作（i, j）所拥有的最大机动时间。具体地说，它是在保证本工作以最迟完成时间完工的前提下，允许该工作推迟其最早开始时间或延长其持续时间的幅度。工作（i, j）的总时差计算公式如下：

$$\begin{aligned}TF_{(i,j)} &= LT_{(j)} - ET_{(i)} - t_{(i,j)} \\ &= LF_{(i,j)} - ES_{(i,j)} - t_{(i,j)} \\ &= LF_{(i,j)} - EF_{(i,j)} \\ &= LS_{(i,j)} - ES_{(i,j)}\end{aligned} \qquad (3\text{-}19)$$

由上式看出，对任何一项工作（i, j），其总时差可能有三种情况：

（1）$TF(i,j) > 0$，说明该工作存在机动时间。

（2）$TF(i,j) = 0$，说明该工作没有机动时间。

（3）$TF(i,j) < 0$，说明该工作存在负时差，计划工期长于规定工期，应采取技

术组织措施予以缩短，确保计划总工期。

2. 局部时差（FF）

工作（i，j）的局部时差 $FF_{(i,j)}$，是指在不影响其任何一项紧后工作（j，k）的最早可能开始时间的条件下，本工作（i，j）所具有的机动时间。具体地说，它是在不影响紧后工作按最早开始时间开工的前提下，允许该工作推迟其最早开始时间或延长其持续时间的幅度。工作（i，j）的局部时差计算公式如下：

$$FF_{(i,j)} = ET_{(j)} - ET_{(i)} - t_{(i,j)} \tag{3-20}$$
$$= ES_{(j,k)} - EF_{(i,j)}$$

由上述公式可知，工作（i，j）的局部时差反映了工作（i，j）最早可能完成时间到其紧后工作（j，k）最早可能开始时间之间的时间间隔，有时也被称为自由时差，它属于总时差的一部分。工作的局部时差有以下主要特点：

（1）工作的局部时差总是小于或等于其总时差，即 $FF_{(i,j)} \leq TF_{(i,j)}$。
（2）使用工作的局部时差，对紧后工作的最早可能开始时间没有任何影响。
（3）工作的局部时差用于控制工程项目实施过程中的中间进度或称为形象进度，即用来掌握网络计划图中各项工作的最早时间，以便控制计划各阶段按期完成。

3. 相干时差（IF）

工作的相干时差 $IF_{(i,j)}$ 是指可以与紧后工作共同利用的机动时间。具体地说，是在工作总时差中，除局部时差上，剩余的那部分时差。工作（i，j）的相干时差的计算公式如下：

$$IF_{(i,j)} = TF_{(i,j)} - FF_{(i,j)} = LT_{(j)} - ET_{(j)} \tag{3-21}$$

4. 独立时差（DF）

工作的独立时差 $DF_{(i,j)}$ 是指为本工作所独有而其前后工作不可能利用的时差。具体说，它是在不影响紧后工作按照最早开始时间开工的前提下，允许该工作推迟其最迟开始时间或延长其持续时间的幅度。其计算公式如下：

$$DF_{(i,j)} = FF_{(i,j)} - IF_{(h,i)} = ET_{(j)} - LT_{(i)} - t_{(i,j)} \tag{3-22}$$

综上所述，四种工作时差的形成条件和相互关系如图 3-26 所示。

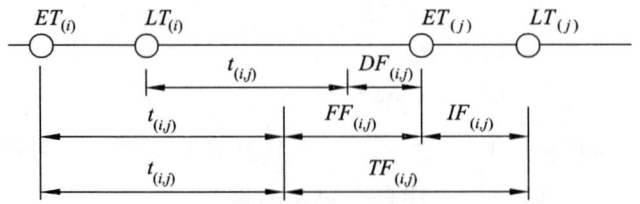

图 3-26 时间参数关系图

（1）总时差对其紧前工作和紧后工作均有影响。

（2）一项工作的局部时差只限于本工作利用，不能转移给紧后工作利用，对紧后工作的时差无影响，但对其紧前工作有影响，如运用，将使紧前工作时差减少。

（3）一项工作的相干时差对其紧前工作无影响，但对紧后工作的时差有影响，如果动用该时差，将使紧后工作的时差减少或消失。它可以转让给紧后工作，变为局部时差而被利用。

（4）一项工作的独立时差只能被本工作使用，如动用，对其紧前工作和紧后工作均无影响。

三、关键线路的确定

前面论述过，线路指网络图中从起点节点开始，沿箭线方向连续通过一系列箭线与节点，最后到达终点节点所经过的通路。在一个网络图中线路有许多条，通过有关计算，可以从中找到工作时间最长的线路，此线路被称为关键线路。工作时间少于关键线路的线路称为非关键线路。位于关键线路上的工序称为关键工序。确定关键线路的主要方法有线路枚举法、关键工作法及关键节点法等。

1. 线路枚举法

此法是列举网络图中的所有线路，其中线路最长为关键线路。

2. 关键工作法

关键线路上的工作称为关键工作，关键工作没有任何机动时间，即工作的总时差均为零，反过来，如果工作的总时差为零，则它必是关键工作。由此，只要连接网络计划中总时差为零的工作，就可以确定出关键线路。

3. 关键节点法

网络计划图中的每个节点都有两个时间参数，即最早可能实现时间 $ET_{(i)}$ 和最迟必须实现时间 $LT_{(i)}$。关键线路上所有节点的两个时间参数均相等。利用节点时间参数来确定关键线路时，首先要判别节点是否为关键节点，如果节点最早可能实现时间等于节点最迟必须实现时间，即 $ET_{(i)} = LT_{(i)}$，则称节点 i 为关键节点；但该节点不一定是关键线路上的节点，要成为关键线路上的节点，还要判断两个关键节点之间的工作是否构成关键工作，其判别式为：

$$箭尾节点时间 + 工作持续时间 = 箭头节点时间$$

如果上式成立，则这项工作为关键工作，否则就是非关键工作。

4. 关键线路的特性

（1）关键线路上各工作的总时差均为零。

（2）关键线路在网络计划中不一定只有一条，有时存在多条，但关键工作所占比重并不大。

（3）非关键工作如果将总时差全部用完，就会转化为关键工作。

（4）当非关键线路延长的时间超过它的总时差，关键线路就转变为非关键线路。

四、工程实例计算

以工程案例 2 为例，试确定该工程项目的网络计划参数。

表 3-7 某城市道路工作项目划分明细表

工作代号	A	B	C	D	E	F	G	H
工作名称	测量	土方工程	路基施工	安装排水	清杂	路面工程	路肩施工	清理现场
紧前工作	—	A	B	B	B	C、D	C、E	F、G
持续时间/d	1	10	2	5	1	3	2	1

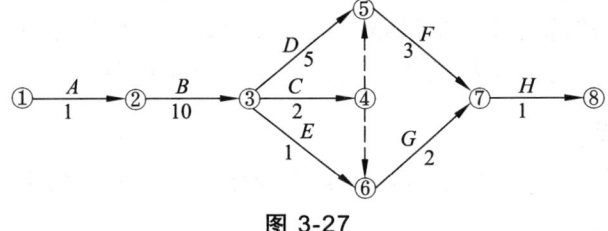

图 3-27

分析：由工程案例 2 的前面的基本理论，我们可以得到上述的工作间的逻辑关系及网络图。该网络图的参数计算过程如下：

1. 计算节点最早时间参数

$ET_{(1)} = 0(d)$

$ET_{(2)} = ET_{(1)} + t_{(1,2)} = 0 + 1 = 1(d)$

$ET_{(3)} = ET_{(2)} + t_{(2,3)} = 1 + 10 = 11(d)$

$ET_{(4)} = ET_{(3)} + t_{(3,4)} = 11 + 2 = 13(d)$

$ET_{(5)} = \max \begin{cases} ET_{(3)} + t_{(3,5)} = 11 + 5 = 16 \\ ET_{(4)} + t_{(4,5)} = 13 + 0 = 13 \end{cases} = 16(d)$

$ET_{(6)} = \max \begin{cases} ET_{(3)} + t_{(3,6)} = 11 + 1 = 12 \\ ET_{(4)} + t_{(4,6)} = 13 + 0 = 13 \end{cases} = 13(d)$

$ET_{(7)} = \max \begin{cases} ET_{(5)} + t_{(5,7)} = 16 + 3 = 19 \\ ET_{(6)} + t_{(6,7)} = 13 + 2 = 15 \end{cases} = 19(d)$

$ET_{(8)} = ET_{(7)} + t_{(7,8)} = 19 + 1 = 20(d)$

2. 计算节点最迟实现时间

节点最迟必须实现时间是在计划工期确定的条件下，从网络图的终点（n）开始，逆着箭线的方向逐个节点地计算到网络图的起点。终点（n）节点的最迟必须实现时

间也等于计划工期，即：$LT_{(n)} = ET_{(n)} = T$

设：$LT_{(8)} = ET_{(8)} = 20(d)$

$LT_{(7)} = LT_{(8)} - t_{(7,8)} = 20 - 1 = 19(d)$

$LT_{(6)} = LT_{(7)} - t_{(6,7)} = 19 - 2 = 17(d)$

$LT_{(5)} = LT_{(7)} - t_{(5,7)} = 19 - 3 = 16(d)$

$LT_{(4)} = \min \begin{cases} LT_{(6)} - t_{(4,6)} = 17 - 0 = 17 \\ LT_{(5)} - t_{(4,5)} = 16 - 0 = 16 \end{cases} = 16(d)$

$LT_{(3)} = \min \begin{cases} LT_{(4)} - t_{(3,4)} = 16 - 2 = 14 \\ LT_{(5)} - t_{(3,5)} = 16 - 5 = 11 \\ LT_{(6)} - t_{(3,6)} = 17 - 1 = 16 \end{cases} = 11(d)$

$LT_{(2)} = LT_{(3)} - t_{(2,3)} = 11 - 10 = 1(d)$

$LT_{(1)} = LT_{(2)} - t_{(1,2)} = 1 - 1 = 0(d)$

3. 计算各工作时间参数

最早可能开始与最早可能结束时间计算：

$ES_{(1,2)} = ET_{(1)} = 0(d)$　　　　$EF_{(1,2)} = ES_{(1,2)} + t_{(1,2)} = 1(d)$

$ES_{(2,3)} = ET_{(2)} = 1(d)$　　　　$EF_{(2,3)} = ES_{(2,3)} + t_{(2,3)} = 11(d)$

$ES_{(3,4)} = ET_{(3)} = 11(d)$　　　$EF_{(3,4)} = ES_{(3,4)} + t_{(3,4)} = 13(d)$

$ES_{(3,5)} = ET_{(3)} = 11(d)$　　　$EF_{(3,5)} = ES_{(3,5)} + t_{(3,5)} = 16(d)$

$ES_{(3,6)} = ET_{(3)} = 11(d)$　　　$EF_{(3,6)} = ES_{(3,6)} + t_{(3,6)} = 12(d)$

$ES_{(4,6)} = ET_{(4)} = 13(d)$　　　$EF_{(4,6)} = ES_{(4,6)} + t_{(4,6)} = 13(d)$

$ES_{(4,5)} = ET_{(4)} = 13(d)$　　　$EF_{(4,5)} = ES_{(4,5)} + t_{(4,5)} = 13(d)$

$ES_{(5,7)} = ET_{(5)} = 16(d)$　　　$EF_{(5,7)} = ES_{(5,7)} + t_{(5,7)} = 19(d)$

$ES_{(6,7)} = ET_{(6)} = 13(d)$　　　$EF_{(6,7)} = ES_{(6,7)} + t_{(6,7)} = 15(d)$

$ES_{(7,8)} = ET_{(7)} = 19(d)$　　　$EF_{(7,8)} = ES_{(7,8)} + t_{(7,8)} = 20(d)$

最迟必须结束与最迟必须开始时间计算：

$LF_{(7,8)} = LT_{(8)} = 20(d)$　　　$LS_{(7,8)} = LF_{(7,8)} - t_{(7,8)} = 19(d)$

$LF_{(6,7)} = LT_{(7)} = 19(d)$　　　$LS_{(6,7)} = LF_{(6,7)} - t_{(6,7)} = 17(d)$

$LF_{(5,7)} = LT_{(7)} = 19(d)$　　　$LS_{(5,7)} = LF_{(5,7)} - t_{(5,7)} = 16(d)$

$LF_{(4,5)} = LT_{(5)} = 16(d)$　　　$LS_{(4,5)} = LF_{(4,5)} - t_{(4,5)} = 16(d)$

$LF_{(4,6)} = LT_{(6)} = 17(d)$　　　$LS_{(4,6)} = LF_{(4,6)} - t_{(4,6)} = 17(d)$

$LF_{(3,4)} = LT_{(4)} = 16(d)$　　　$LS_{(3,4)} = LF_{(3,4)} - t_{(3,4)} = 14(d)$

$LF_{(3,5)} = LT_{(5)} = 16(d)$　　　$LS_{(3,5)} = LF_{(3,5)} - t_{(3,5)} = 11(d)$

$LF_{(3,6)} = LT_{(6)} = 17(d)$　　　$LS_{(3,6)} = LF_{(3,6)} - t_{(3,6)} = 16(d)$

$LF_{(2,3)} = LT_{(3)} = 11(d)$　　　$LS_{(2,3)} = LF_{(2,3)} - t_{(2,3)} = 1(d)$

$LF_{(1,2)} = LT_{(2)} = 1(d)$　　　　$LS_{(1,2)} = LF_{(1,2)} - t_{(1,2)} = 0(d)$

4. 工作的时差计算

$TF_{(1,2)} = LS_{(1,2)} - ES_{(1,2)} = 0 - 0 = 0(d)$

$FF_{(1,2)} = ET_{(2)} - ET_{(1)} - t_{(1,2)} = 1 - 0 - 1 = 0(d)$

$IF_{(1,2)} = TF_{(1,2)} - FF_{(1,2)} = 0 - 0 = 0(d)$

$DF_{(1,2)} = FF_{(1,2)} - IF_{(1,2)} = ET_{(2)} - LT_{(1)} - t_{(1,2)} = 1 - 0 - 1 = 0(d)$

$TF_{(2,3)} = LS_{(2,3)} - ES_{(2,3)} = 1 - 1 = 0(d)$

$FF_{(2,3)} = ET_{(3)} - ET_{(2)} - t_{(2,3)} = 11 - 1 - 10 = 0(d)$

$IF_{(2,3)} = TF_{(2,3)} - FF_{(2,3)} = 0 - 0 = 0(d)$

$DF_{(2,3)} = FF_{(2,3)} - IF_{(1,2)} = 0(d)$

$TF_{(3,4)} = LS_{(3,4)} - ES_{(3,4)} = 14 - 11 = 3(d)$

$FF_{(3,4)} = ET_{(4)} - ET_{(3)} - t_{(3,4)} = 13 - 11 - 2 = 0(d)$

$IF_{(3,4)} = TF_{(3,4)} - FF_{(3,4)} = 3 - 0 = 3(d)$

$DF_{(3,4)} = FF_{(3,4)} - IF_{(2,3)} = 0(d)$

$TF_{(3,5)} = LS_{(3,5)} - ES_{(3,5)} = 11 - 11 = 0(d)$

$FF_{(3,5)} = ET_{(5)} - ET_{(3)} - t_{(3,5)} = 16 - 11 - 5 = 0(d)$

$IF_{(3,5)} = TF_{(3,5)} - FF_{(3,5)} = 0 - 0 = 0(d)$

$DF_{(3,5)} = FF_{(3,5)} - IF_{(2,3)} = 0(d)$

$TF_{(3,6)} = LS_{(3,6)} - ES_{(3,6)} = 16 - 11 = 5(d)$

$FF_{(3,6)} = ET_{(6)} - ET_{(3)} - t_{(3,6)} = 13 - 11 - 1 = 1(d)$

$IF_{(3,6)} = TF_{(3,6)} - FF_{(3,6)} = 5 - 1 = 4(d)$

$DF_{(3,6)} = FF_{(3,6)} - IF_{(2,3)} = 1 - 0 = 1(d)$

$TF_{(4,5)} = LS_{(4,5)} - ES_{(4,5)} = 16 - 13 = 3(d)$

$FF_{(4,5)} = ET_{(5)} - ET_{(4)} - t_{(4,5)} = 16 - 13 - 0 = 3(d)$

$IF_{(4,5)} = TF_{(4,5)} - FF_{(4,5)} = 3 - 3 = 0(d)$

$DF_{(4,5)} = ET_{(5)} - LT_{(4)} - t_{(4,5)} = 16 - 16 - 0 = 0(d)$

$TF_{(4,6)} = LS_{(4,6)} - ES_{(4,6)} = 17 - 13 = 4(d)$

$FF_{(4,6)} = ET_{(6)} - ET_{(4)} - t_{(4,6)} = 13 - 13 - 0 = 0(d)$

$IF_{(4,6)} = TF_{(4,6)} - FF_{(4,6)} = 4 - 0 = 4(d)$

$DF_{(4,6)} = FF_{(4,6)} - IF_{(3,4)} = -3(d)$

$TF_{(5,7)} = LS_{(5,7)} - ES_{(5,7)} = 16 - 16 = 0(d)$

$FF_{(5,7)} = ET_{(7)} - ET_{(5)} - t_{(5,7)} = 19 - 16 - 3 = 0(d)$

$IF_{(5,7)} = TF_{(5,7)} - FF_{(5,7)} = 0 - 0 = 0(d)$

$DF_{(5,7)} = FF_{(5,7)} - IF_{(3,5)} = 0(d)$

$TF_{(6,7)} = LS_{(6,7)} - ES_{(6,7)} = 17 - 13 = 4(d)$

$FF_{(6,7)} = ET_{(7)} - ET_{(6)} - t_{(6,7)} = 19 - 13 - 2 = 4(d)$

$IF_{(6,7)} = TF_{(6,7)} - FF_{(6,7)} = 4 - 4 = 0(d)$

$DF_{(6,7)} = ET_{(7)} - LT_{(6)} - t_{(6,7)} = 19 - 17 - 2 = 0(d)$

$TF_{(7,8)} = LS_{(7,8)} - ES_{(7,8)} = 19 - 19 = 0(d)$

$FF_{(7,8)} = ET_{(8)} - ET_{(7)} - t_{(7,8)} = 20 - 19 - 1 = 0(d)$

$IF_{(7,8)} = TF_{(7,8)} - FF_{(7,8)} = 0 - 0 = 0(d)$

$DF_{(7,8)} = ET_{(8)} - LT_{(7)} - t_{(7,8)} = 20 - 19 - 1 = 0(d)$

5. 判断关键工作和关键线路

根据 $TF_{(i,j)} = 0$ 得线路①—②—③—⑤—⑦—⑧为关键线路。

6. 确定计划总工期

$$T = ET_{(8)} = LT_{(8)} = 20 (d)$$

将计算的时间参数标按图 3-28 所示标注于网络图中各相应的位置。

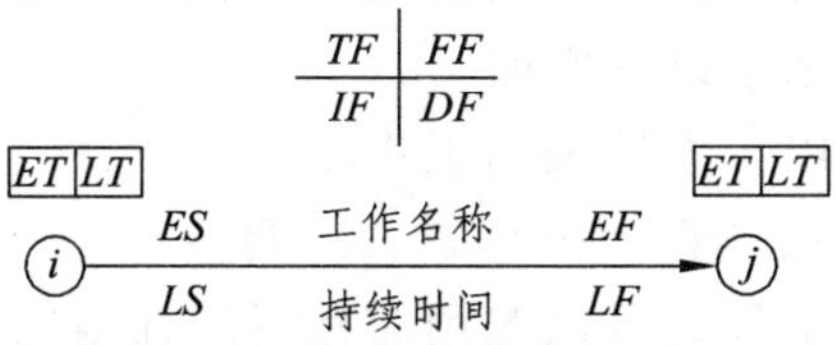

图 3-28 参数计算标注的图例

第六节 双代号时标网络计划

一、时间坐标网络计划的概述

时标网络计划指在时间坐标中编制的网络计划，它是网络计划的另一种表达形式。对于一般的网络计划而言，各项工作的作业持续时间均与箭线长度无关。这种网络计划的好处是修改方便，如果工作顺序、相互关系及持续时间变动时，改动原计划很方便,但不能直接从网络图上看出工作的最早可能开始和最早可能结束时间，以及工作的最迟必须开始时间与最迟必须结束时间。为了克服以上不足，更好地表达进度计划中各工作之间恰当的时间关系，使网络图更易于理解、方便应用而引入了时间坐标网络计划。

时间坐标网络计划在一般网络计划的上方或下方增加一时间坐标（横坐标），箭线的长短即表示该工作的持续时间的长短，且在图上直接显示出各项工作的开始时间和完成时间及工作的机动时间、关键线路等。这样，时标网络计划就更能够表达进度计划中各项工作之间恰当的时间关系，使网络计划图易于理解、方便应用。此外，时标网络计划还是计划管理人员分析计划和对网络计划进行优化的有力工具。

时间坐标网络计划具有以下的特点：

（1）时标网络计划比较接近通常使用的横道计划图，能直观地反映出整个计划的时间进程。

（2）时标网络计划能直接反映出各项工作的开始和结束时间，机动时间及网络计划中的关键线路；在计划执行过程中，可以随时查出哪些工作应该已经完成，哪些工作正在进行及哪些工作将要开始。

（3）由于时标网络计划图能清楚地表示出哪些工作需要同时进行，因此可以确定在同一时间内对劳动力、材料和机械设备等资源的需要量，并进行资源用量调配图的绘制。

（4）通过优化调整后的时标网络计划，可以直接作为进度计划下达到执行单位使用。

（5）时标网络计划的调整比较麻烦，当情况发生变化时，如资源的变动或工期拖延后，要对时标网络计划进行修改时，因为改变工作持续时间就需要改变箭线的长度和节点的位置，这样往往因移动局部几项工作而牵动整个网络计划。

时标网络计划主要应用于以下方面：

（1）利用时标网络可以方便地编制工作项目少，并且工艺过程较简单的施工进度计划，编制中能迅速地边计算、边绘制、边调整。

（2）对于大型复杂的工程，可以先用时标网络计划的形式绘制各分部工程的网络计划，然后再综合起来绘制出比较简单的总网络计划；在执行过程中，如果时间有变化，则不必改动整个网络计划图，而只对这阶段分部工程的子网络计划进行修订就可以了。

（3）由于时间坐标网络计划清楚、直观，能直接表达各项工作的时间进程，所以可将已编制并计算优化好的一般网络计划绘制成时标网络计划，并作为进度计划下达执行。

二、时间坐标网络计划的绘制

时标网络计划图可以按节点最早时间、节点最迟时间、优化时间直接绘制。

1. 按节点最早时间绘制时标网络

以图3-29所示的一般网络计划图为例，现按节点最早时间把它标画成时标网络计划图3-30。

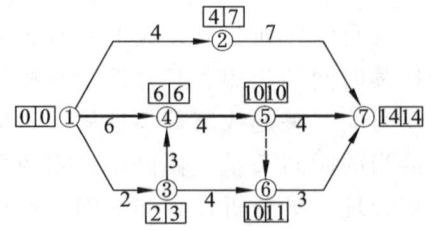

图3-29 双代号网络图

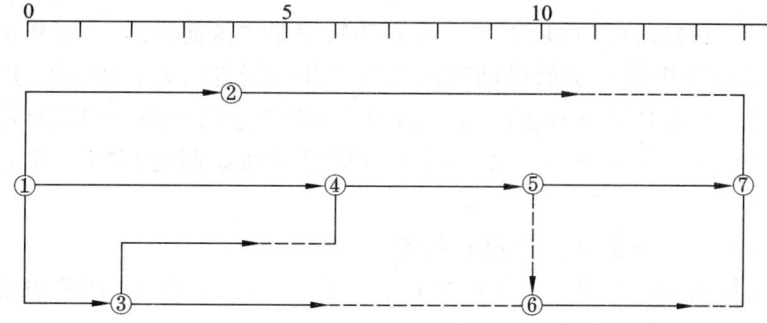

图 3-30　最早时间坐标网络图

绘制步骤如下：

（1）绘制前先对一般网络计划进行计算，求出各节点的时间参数作为绘制时标网络图的依据，并确定关键线路。

（2）作出时间坐标，按节点最早开始时间把关键线路绘制在图中适当的位置。

（3）按节点最早时间绘制非关键线路。在绘制时标网络计划图时，需要注意：

① 时标网络计划图中所有节点的位置，应按节点的最早可能实现时间标画在相应的时间坐标上。

② 从网络图起点开始按箭线方向逐项工作绘至网络图的终点，工作用实箭线表示，实箭线的长短表示工作持续时间的长度；虚工作仍用虚箭线表示；工作的机动时间用虚线表示，并在实箭线和虚线分界处加一节短线作为分界线。

③ 时间坐标网络计划图中各节点的纵向位置没有时间的含意。

2．按节点最迟时间绘制时标网络

按节点最迟时间绘制时标网络绘制步骤如下：

（1）绘制前先对一般网络计划进行计算，求出各节点的时间参数作为绘制时标网络图的依据，并确定关键线路。

（2）作出时间坐标，按节点最迟必须实现时间把关键线路绘制在图中适当的位置。

（3）按节点最早时间绘制非关键线路。虚箭线靠右。如图3-31。

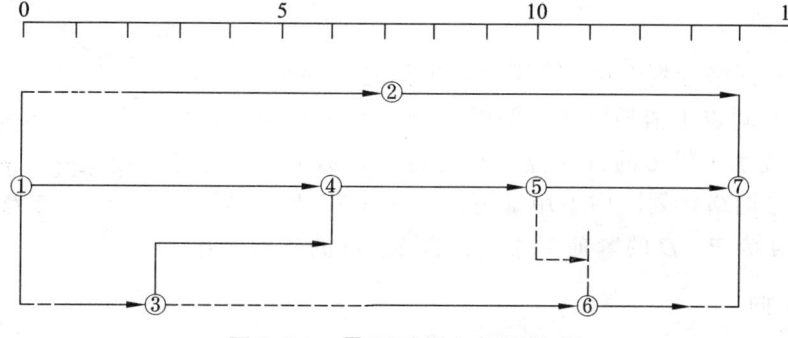

图 3-31　最迟时间坐标网络图

从最早与最迟时标网络可以看出，前者的特点是"紧前松后"，工作的机动时间分布在后面，此时图中所表示的机动时间为各工作的局部时差；而后者的特点是"紧后松前"，工作的机动时间分布在前面，此时图中所表达的机动时间没有此类时差概念。因此，在工程项目实际中主要采用节点最早时间绘制时标图，并应注意下列问题：

① 先确定关键节点位置，再定非关键节点位置。

② 每项工作的实线长度，必须严格按其持续时间长短绘制，两节点之间箭线长度不足时，要用虚线加以连接。

③ 绘制标图时最好与原一般双代号网络图的形状相似，以便检查和核对。

④ 时标图绘成后，应与日历时间进程相对应，以便作为进度计划直接下达给承包人使用。

第七节　单代号网络图的绘制与计算

一、单代号网络图的组成

单代号网络图也是由许多节点和箭线组成。但基本符号的含义与双代号相应符号却不完全相同。

1. 节　点

单代号网络计划图中的节点可以用圆圈或方框表示，一个节点表示一项具体的工作。节点所表示的工作的名称、持续时间和代号一般都标注在圆圈内，计算新得的时间参数标注在节点两侧，如图 3-32 所示。

单代号网络图中的节点必须有编号，编号标注在节点内，其号码可间断，但严禁重复。箭线的箭尾节点编号应小于箭头节点的编号。一项工作必须有唯一的一个节点及相应的一个编号。

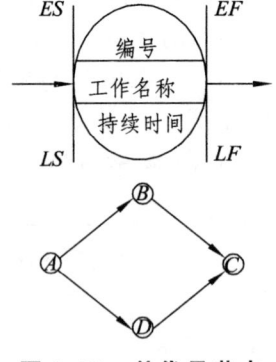

图 3-32　单代号节点示意图

2. 箭　线

在单代号网络计划图中，箭线表示工作之间的相互关系，它既不消耗时间也不消耗资源。箭线应画成水平直线、折线或斜线。箭线水平投影的方向应自左向右，表示工作的行进方向。单代号网络计划图中不用虚箭线。图 3-30 下图单代号网络图中，A 为 B、D 的紧前工作，C 为 B、D 的紧后工作。

3. 方　向

与双代号网络图一样，在单代号网络计划图中，也表示物流，代表路线的方向。

二、单代号网络图的绘制

单代号网络计划与双代号网络计划图表达的计划内容是一致的，两者的区别仅在于绘图的符号表示的意义不同。单代号网络计划图的绘制过程和双代号网络计划的一样，先将计划任务分解成若干项具体的工作，然后确定这些工作之间的相互关系，以及各项工作的持续时间，持续时间的确定仍然应按正常情况下来进行。下面与双代号网络相对应讨论几个常见的工作关系的表示方法：

1. 全约束

A、B 工作均完成后同时进行 C 和 D 工作，即 A 工作的紧后有 C、D 工作，B 工作的紧后亦有 C、D 工作，其网络图表示为图 3-33。

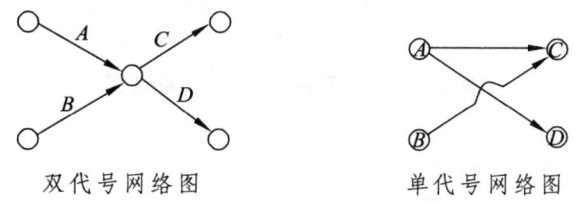

双代号网络图　　　　单代号网络图

图 3-33　全约束关系网络图

2. 半约束

A 工作紧后有 C、D 工作，B 工作的紧后只有 C、D 工作中的一项如 D。其网络图表示为图 3-34。

双代号网络图　　　　单代号网络图

图 3-34　半约束关系网络图

3. 三分之一约束

A 工作的紧后有 C、D 工作，B 工作紧后有 D、E 工作。其网络图表示为图 3-35。

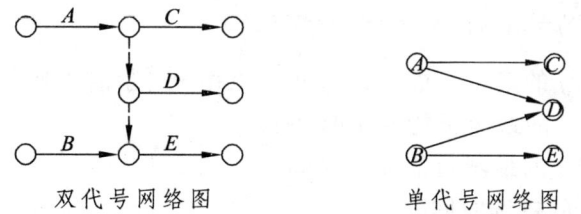

双代号网络图　　　　单代号网络图

图 3-35　1/3 约束关系网络图

4. 案例分析

以工程案例 2 为例，试绘制该工程项目的单代号网络计划图。

表 3-8 某城市道路工作项目划分明细表

工作代号	A	B	C	D	E	F	G	H
工作名称	测量	土方工程	路基施工	安装排水	清杂	路面工程	路肩施工	清理现场
紧前工作	—	A	B	B	B	C、D	C、E	F、G
持续时间/d	1	10	2	5	1	3	2	1

分析：该工程案例的网络计划如图 3-36 所示。

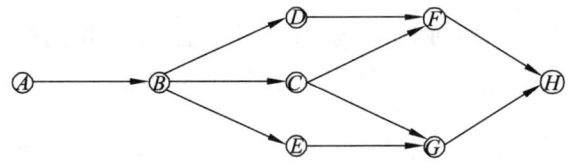

图 3-36 某工程的单代号网络图

三、单代号网络计划图的时间参数计算

由于单代号网络计划图中用节点表示工作，所以它只有工作时间参数的计算，而不存在节点时间参数的计算。单代号网络图的工作时间参数计算内容和时间参数的含义及其计算目的与双代号网络图相同，即计算工作的最早时间（ES 与 EF）、工作的最迟时间（LF 和 LS）、工作的机动时间（TF 与 FF）等。其计算步骤和方法，以及计算公式与双代号网络图基本相同。

（一）计算工作的最早时间

1. 工作最早可能开始时间（ES）的计算

计算工作的最早可能开始时间应从网络图起点开始，按箭线方向逐项工作进行计算，直到终点节点为止。由于开始工作的最早可能开始时间为零，即 $ES_1 = 0$（1 为起始节点即开始工作），其他工作的最早开始时间应等于紧前工作最早开始时间与其工作持续时间之和最大值，其计算公式为：

$$ES_j = \max\{ES_i + t_i\} = \max(EF_i) \tag{3-23}$$

式中 ES_j ——工作 j 的最早可能开始时间，工作 i 之紧前工作；
　　　ES_i ——工作 i 的最早可能开始时间；
　　　EF_i ——工作 i 的最早可能完成时间；
　　　t_i ——工作 i 的持续时间。

2. 工作的最早可能完成时间（EF）的计算

工作的最早可能完成时间（EF_i）的计算公式为：

$$EF_i = ES_i + t_i \ (i = 1, 2, 3, \cdots, n-1, n) \tag{3-24}$$

终点节点（n）的最早可能完成时间（EF_n）就是单代号网络计划工期（T），即 $T = EF_n$。

(二) 计算工作的最迟时间

1. 工作的最迟必须完成时间（LF）的计算

计算工作的最迟时间应从网络图的结束节点开始，逆着箭线方向逐项地计算到开始节点。最后结束工作的最迟必须完成时间应保证总工期不被拖延，所以网络终点节点的最迟必须完成时间应等于该节点的最早可能完成时间，即：$LF_n = EF_n = T$，则 $LS_n = LF_n - t_n$。

本工作 i 的最迟必须完成时间 LF_i 应等于紧后工作 j 的最迟必须完成时间 LF_j 与其工作持续时间 t_j 之差的最小值，即：

$$LF_j = \min\{LF_i - t_j\} = \min\{LS_j\} \tag{3-25}$$

2. 计算工作的最迟必须开始时间（LS）

$$LS_i = LF_i - t_i \quad (i = n, n-1, \cdots, 3, 2, 1) \tag{3-26}$$

(三) 计算工作的时差

1. 计算工作的总时差（TF）

在单代号网络计划图中，工作总时差的概念与双代号网络图完全相同，利用已经计算的各项工作最早开始和最迟开始时间，可方便地计算各项工作的总时间，所以工作的总时差计算公式为：

$$TF_i = LF_i - EF_i = LS_i - ES_i \tag{3-27}$$

2. 计算工作的局部时间（FF）

单代号网络图中工作的局部时差等于紧后工作最早可能开始时间的最小值，减去本工作的最早可能完成时间。其计算公式为：

$$FF_i = \min\{ES_j\} - EF_i \quad (i < j) \tag{3-28}$$

(四) 关键线路的确定

单代号网络计划图中确定关键线路的方法与双代号网络计划基本相同，只是因为没有节点时间参数计算，所以没有按节点时间参数均相等来判断关键线路的方法。在单代号网络图中主要采用关键工作法确定关键线路，连接工作总时差为零的关键工作所形成的自始至终的线路即为关键线路。

(五) 案例分析

请同学根据工程案例 2，结合本节的基本理论自行计算单代号网络图的各项参数。

第八节 网络进度计划的检查与调整

一、进度计划的检查

在计划执行过程中,由于组织、管理、经济、技术、资源、环境和自然条件等因素的影响,往往会造成实际进度与计划进度产生偏差,如果不及时纠正,必将影响目标的实现。因此,在计划执行过程中采取相应措施来进行管理,对保证计划目标的顺序实现具有重要意义。

1. 进行计划执行中管理工作

主要有以下几个方面:
(1)检查并掌握实际进展情况。
(2)分析产生进度偏差的主要原因。
(3)确定相应的纠偏措施或调整方法。

2. 网络进度计划检查的内容

包括以下几个方面:
(1)关键工作进度。
(2)非关键工作的进度及时差利用情况。
(3)实际进度对各项工作之间逻辑关系的影响。
(4)资源状况。
(5)成本状况。
(6)存在的问题。

3. 网络进度计划的检查方法

(1)计划执行中的跟踪检查。

在网络计划的执行过程中,必须建立相应的检查制度,定时定期地对计划的实际执行情况进行跟踪检查,收集反映实际进度的有关数据。

(2)收集数据的加工处理。

收集反映实际进度的原始数据量大面广,必须对其进行整理、统计和分析,形成与计划进度具有强比性的数据,以便在网络图上进行记录。根据记录的结果可以分析判断进度的实际状况,及时发现进度偏差,为网络图的调整提供信息。

(3)实际进度检查记录的方式。

① 当采用时标网络计划时,可采用实际进度前锋线记录计划实际执行情况,进行实际进度与计划进度的比较。

实际进度前锋线是在原时标网络计划上,自上而下从计划检查时刻标点出发,用点画线依此将各项工作实际进度达到的前锋点连接而成的折线。通过实际进度前锋线与进度计划中各工作箭线交接的位置可以判断实际进度与计划进度的偏差。

② 当采用无时标网络计划时,可在图上直接用文字、数字、适当符号或列表记录计划的实际执行情况,进行实际进度与计划进度的比较。

4. 对检查结果进行分析和判断

通过对网络计划执行情况检查的结果进行分析判断,可为计划的调整提供依据。一般应进行如下的分析判断:

(1)对时标网络计划宜利用绘制的实际前锋线,分析计划的执行情况及其发展趋势,对未来的进度作出预测、判断,找出偏离计划目标的原因及供挖掘的潜力所在。

(2)对无时标网络计划按表 3-9 记录的情况对计划中未完成的工作进行分析判断。

表 3-9 网络计划检查结果分析表

工作编号	工作名称	检查时尚需工作天数	按计划最迟完成尚有天数	总时差/d		自由时差/d		情况分析
				原有	目前尚有	原有	目前尚有	

二、网络进度计划的调整

1. 网络进度计划调整的内容

(1)调整关键线路的长度。
(2)调整非关键线路的长度。
(3)增、减工作项目。
(4)调整逻辑关系。
(5)重新估计某些工作的持续时间。
(6)对资源的投入相应调整。

2. 网络计划调整的方法

1)调整关键线路的方法

(1)当关键线路的实际进度比计划进度拖后时,应在尚未完成的关键工作中,选择资源强度小或费用低的工作缩短其持续时间,并重新计算未完成部分的时间参数,将其作为一个新计划实施。

(2)当关键线路的实际进度比计划进度提前时,若不拟提前工期,应选用资源占用量或者直接费用高的后续关键工作,适当延长其持续时间,以降低其资源强度或费用;当确定是提前完成计划时,应将计划尚未完成的部分作为一个新计划,重新确定关键工作的持续时间,按新计划实施。

2)非关键工作时差的调整方法

非关键工作时差的调整应在其时差的范围内进行,以便更充分地利用资源、降

低成本或满足施工的需要。每一次调整后都必须重新计算时间参数,观察该调整对计划全局的影响。可采用以下几种调整方法:

(1)将工作在其最早开始时间与最迟完成时间范围内移动。

(2)延长工作的持续时间。

(3)缩短工作的持续时间。

3)增、减工作项目时的调整方法

对增、减工作项目时应符合下列规定:

(1)不扰乱原网络计划总的逻辑关系,只对局部逻辑关系进行调整。

(2)在增减工作后应重新计算时间参数,分析对原网络计划的影响;当对工期有影响时,应采取调整措施,以保证计划工期不变。

4)调整逻辑关系

逻辑关系的调整只有当实际情况要求改变施工方法或组织方法时才可进行。调整时应避免影响原定计划工期和其他工作的顺序进行。

5)调整工作的持续时间

当发现某些工作的原持续时间估计有误或实现条件不充分时,应重新估计其持续时间,并重新计算时间参数,尽量使原计划工期不受影响。

6)调整资源的投入

当资源供应发生异常时,应采用资源优化方法对工期进行调整,或采取应急措施,使其对工期的影响最小。

网络计划的调整,可以定期进行,或根据计划检查的结果在必要时进行。

第四章 资源组织计划

在施工进度计划确定后,即可编制资源组织计划。资源组织计划必须依照施工进度计划进行编制。只有根据已确定的施工进度计划,计算出各个项目每天所需的各种资源种类和数量,将同一时间内所有施工项目的各种资源的数量分别累加,才可计算出每种资源随时间而变化的需要量。施工进度计划的变动必然影响到资源组织计划的变化。因此,资源组织计划应与施工进度计划相对应。反之,当资源组织不平衡或受到限制满足不了进度计划的要求时,则必须对进度计划进行相应的调整以满足资源的要求。

在编制施工组织过程中,应根据所需资源数量的种类确定其主要资源,编制资源组织计划。所谓主要资源一般为:劳动力、主要材料、成品、半成品、预制构件、主要施工机械和对项目作业时间起控制作用的主导施工机械。

一、劳动力计划编制

劳动力用工配置数量、类别应根据施工进度计划确定。当劳动力队伍配置不合理时应对施工进度计划作适当的优化,最终根据优化的施工进度计划确定劳动力配置。一般而言,劳动力配置的原则如下:

(1)保证施工过程的连续性对劳动力的需要。
(2)保证施工过程的协调性对劳动力的需要。
(3)保证施工过程的均衡性对劳动力的需要。
(4)保证施工过程经济性的要求。

根据工程数量及相应的现行定额计算出劳动量,劳动力用工数量应根据工程数量、施工周期的情况来确定。工程上常引入劳动力不均衡系数 K 来定量分析劳动力分配是否均衡[劳动力不均衡系数的计算公式见第三章的式(3-4)]。在确定了科学、合理的劳动力用工数量后,应编制劳动力计划表,如表4-1所示。

表 4-1　劳动力计划表

单位：人

工种	按工程施工阶段投入劳动力情况 ( )年					
	( )月			( )月		
	上旬	中旬	下旬	上旬	中旬	下旬

公路工程常见的施工过程必须配置的劳动力如下：

（1）材料的装卸与运输：运输车辆司机、装卸工、机械操作工、起重工。

（2）路基工程：机械操作人员、运输车辆司机、普工、工长、爆破工。

（3）路面工程：拌和设备操作人员、装载机操作人员、运输车辆司机、摊铺机操作人员、压路机操作人员、普工、交通管理人员、指挥人员和工长。

（4）结构工程施工：钻孔灌注桩施工有钻孔机械操作人员、普工和工长；混凝土施工有木工、混凝土工、普工和工长；钢筋施工有钢筋工、电焊工和工长。

案例分析：根据第三章的挡土墙各工序计算过程结果及材料情况表 3-1 和图 3-1 工程案例 1 的横道图编制的案例 1 的劳动力计划表如表 4-2 所示。

表 4-2　案例 1 的劳动力计划表

单位：人

工种	按工程施工阶段投入劳动力情况（ 2016 ）年																										备注
	1月			2月			3月			4月			5月			6月			7月			8月			9月		
	上	中	下	上	中	下	上	中	下	上	中	下	上	中	下	上	中	下	上	中	下	上	中	下	上	中	
管理人员	2	2	2	2	2	2	2	2	2	2	2	2	2	2	2	2	2	2	2	2	2	2	2	2	2	2	
普工	4	4	7																	10							
砌筑工				60	60	60	60	60	60	60	60	60	60	60	60	60	60	60	60	60	60						
机械操作员	2	2	2																								
运输人员	5	5																									

对于施工现场的劳务用工管理,应建立健全相应的现场劳务用工的管理组织机构,负责依法制定本企业劳务分包和劳动用工管理办法,并对其执行落实情况进行直接监督。用工单位法定代表是劳务用工管理工作的第一责任人,负责组织和领导本企业劳务用工管理工作。项目经理是劳务用工管理的直接负责人,负责贯彻执行企业劳务用工管理的规定,并组织制定本项目的管理措施和办法,亲自监督本项目工资支付工作,亲自组织解决本项目的用工纠纷和劳动争议。

二、主要材料计划管理

材料计划管理是指从查明材料的需要和资源开始,经过对材料的供需综合平衡所编制的各种计划。

材料计划管理是指用计划来组织、指挥、监督、调节材料的订货、采购、运输、分配、供应、储备、使用等经济活动的管理工作。

材料计划管理的内容主要包括:材料需用量计划、材料供应计划、材料采购计划、材料用款计划、材料计划的调整。

1. 材料需用量计划

材料需用量计划是指完成计划期内工程任务所必需的物资用量,它是材料供应计划、材料采购计划的基础。

材料需用量可按照工程量和定额规定进行计算,然后根据施工项目的施工进度编制材料需用量计划表,如表 4-3 所示。

表 4-3 主要材料需用量计划表

序号	材料名称	单位	来源	运输方式	数 量（ 年）					备注
					一季度	二季度	三季度	四季度	合计	

2. 材料供应计划

材料供应计划是企业物资部门根据材料需用量计划表而编制的计划,也是进行材料供应的依据。材料供应计划按时间分为年度、季度和月度供应计划表。

$$物资供应量 = 需要量 - 库存量 + 储备量$$

3. 材料采购计划

材料采购计划是物资部门根据批准的材料供应计划,分期分批编制,采购人员以采购材料的计划,是保证材料供应的主要措施。

4. 材料用款计划

材料用款计划是为了尽可能少地占用资金、合理使用有限的备料资金，而制订的资金使用计划。对施工企业而言，备料资金是有限的，如何合理地使用有限的资金，既保证施工的材料供应又少占资金，是企业材料部门的任务。

5. 材料计划的调整

由于施工生产任务的增减或变更设计，相应地会出现材料需用量的增减以及品种规格的变化，材料部门应根据变更后的材料需用量计划及时编制材料调整计划。

三、机械设备的使用计划

公路工程的施工组织管理在确定施工方法后，应按机械设备的适应性、先进性、通用性、专用性和经济性的原则选择施工机械。根据工程的作业内容、施工条件、工程量、机械的利用率和生产率来确定施工机械需要的数量，并编制主要机械、设备使用计划表，如表4-4所示。

表4-4 主要机械、设备使用计划表

序号	机械或设备名称	型号规格	数量	额定功率	进场时间	出场时间	备注

第五章 质量、安全、环保和文明、特殊季节和特殊环境施工的措施

一、质量管理体系及措施

加强公路工程质量控制，应建立覆盖全面质量、全部过程、全体人员的控制体系。按照我国《质量管理体系》的要求，结合公路工程建设施工的具体特点，在对设计文件审核与分析后，由项目经理总负责，协调相关部门制度公路工程质量管理体系。

1. 质量管理体系建设的主要内容

质量管理体系建设的主要内容如下：
（1）确定质量目标和要求。
（2）制定质量管理组织的机构及相应的管理职责。
（3）制定质量检查保证措施。
（4）制定质量保证体系中的政治保证措施。
（5）制定保证施工的质量措施。
（6）建立目标管理保证体系。
（7）制定保证质量的经济制度。
（8）制定质量信息管理保证体系及措施。

2. 质量控制关键点的设置原则

在编制施工组织设计时，应根据不同管理层次和职能，对质量控制关键点进行设置。一般情况下，按以下的原则设置质量控制关键点：
（1）施工过程中的重要项目、薄弱环节和关键部位。
（2）影响工期、质量、成本、安全、材料消耗等重要因素的环节。
（3）新材料、新技术、新工艺的施工环节。
（4）质量信息反馈中缺陷频数较多的项目。

3. 质量控制关键点的管理方法

对于公路工程建设中的质量控制关键点，应制定相应的措施进行控制。一般情

况下可以通过制定质量控制关键点的管理办法、落实质量控制关键点的质量责任、开展质量控制关键点TQC（Total Quality Control，全面质量管理）小组等措施来管理质量控制关键点。

二、安全施工的体系和措施

为规范公路工程施工安全技术，保障施工安全，在公路工程施工过程中应贯彻"安全第一、预防为主、综合治理"的安全施工方针。在施工过程中必须遵守国家有关法律法规，符合安全生产条件要求，建立安全生产责任制，健全安全生产管理制度，设立安全生产管理机构，足额配备具备相应资格的安全生产管理人员。

公路工程安全施工组织设计过程中的安全体系除应满足《职业健康安全管理体系 要求》、《中华人民共和国安全生产法》（以后均简称《安全生产法》）和《公路工程施工安全技术规范》的相关规定外，还应符合国家和行业现行有关标准的规定。

我国现阶段正在执行的主要安全生产管理制度包括：安全生产责任制度；安全生产许可证制度；政府安全生产监督检查制度；安全生产教育培训制度；安全措施计划制度；特种作业人员持证上岗制度；专项施工方案专家认证制度；危及施工安全工艺、设备、材料淘汰制度；施工起重机械使用登记制度；安全检查制度；生产安全事故报告和调查制度；"三同时"制度；安全预评制度；意外伤害保险制度等。

（一）安全生产责任制度

安全生产责任制度是最基本的安全管理制度，是所有安全生产管理制度的核心。安全生产责任制是按照安全生产管理方针和"管生产的同时必须管安全"的原则，将各级负责人员、各职能部门及其工作人员和各岗位生产工人在安全生产方面应做的事情及应负的责任加以明确规定的一种制度。具体来说，就是将安全生产责任分解到相关单位的主要负责人、项目负责人、班组长以及每个岗位的作业人员身上。

根据《建设工程安全生产管理条件》和《建筑施工安全检查标准》的相关规定，安全生产责任制度的主要内容如下：

（1）安全生产责任制度主要包括企业主要负责人的安全责任，负责人或其他副职的安全责任，项目负责人（项目经理）的安全责任，生产、技术、材料等各职能管理负责人及其工作人员的安全责任，技术负责人（工程师）的安全责任、专职安全生产管理人员的安全责任，施工员的安全责任，班组长的安全责任和岗位人员的安全责任等。

（2）项目应对各级、各部门安全责任制度规定检查和考核办法，并按规定期限进行考核，对考核结果及兑现应有记录。

（3）项目独立承包的工程在签订承包合同中必须有安全生产工作的具体指标和

要求。工程由多单位施工时，总分包单位在签订分包合同的同时要签订安全生产合同（协议），签订合同前要检查分包单位的营业执照、企业资质证、安全资格证等。分包队伍的资质应与工程要求相符，在安全合同中应明确总分包单位各自的安全职责，原则上，实行总承包的由总承包单位负责，分单位应向总包单位负责，服从总包单位对施工现场的安全管理，分包单位在其分包范围内建立施工现场安全生产管理制度，并组织实施。

（4）项目的主要工种应有相应的安全技术操作规程。

（5）工程项目部专职安全人员的配备应按相应的规定进行配置。

总之，企业实行安全生产责任制必须做到在计划、布置、检查、总结、评比生产的时候，同时计划、布置、检查、总结、评比安全工作。

（二）安全措施计划制度

安全措施计划制度是指企业进行生产活动时，必须编制安全措施计划，它是企业有计划地改善劳动条件和安全卫生设施、防止工伤事故和职业病重要措施之一，对企业加强劳动保护、改善劳动条件、保障职工的安全和健康、促进企业生产经营的发展起着积极作用。安全技术计划包括：安全技术措施、职业卫生措施、辅助用房间及设施、安全宣传教育措施等内容。

1. 安全技术措施

安全技术措施是预防企业员工在工作过程中发生工伤事故的各项措施，编制安全技术措施时应遵循以下的要求：

1）施工安全技术措施必须在工程开工前制定

施工安全技术措施是施工组织设计的重要组成部分，应在工程开工前与施工组织设计一同编制。为保证各项安全设施的落实，在工程图纸会审时，应特别注意考虑安全施工的问题，并在开工前制定好安全技术措施。

2）施工安全技术措施要有全面性

应按照有关的法律、法规、施工技术规范、标准等的要求，在编制工程施工组织设计时，根据工程特点制定相应的施工安全技术措施。对于大中型工程项目、结构复杂的重点工程，除必须在施工组织设计中编制施工安全技术措施外，还应编制专项工程施工安全技术措施。

3）施工安全技术措施要有针对性

施工安全技术措施是针对每项工程的特点制定的，编制安全技术措施的技术人员必须掌握工程概况、施工方法、施工环境、条件等一手资料，并熟悉安全法规、标准等，才能制定有针对性的安全技术措施。

4）施工安全技术措施应力求全面、具体、可靠

施工安全技术措施应把可能出现的各种不安全因素考虑周全，制定的对策措施方案应力求全面、具体、可靠，这样才能真正做到预防事故的发生。但是，全面具

体不等于罗列一般通常的操作工艺、施工方法以及日常安全工作制度、安全纪律等。这些制度性规定，安全技术措施中不需要再作抄录，但必须严格执行。

5）施工安全技术措施必须包括应急预案

由于施工安全技术措施是在相应的工程施工实施前制定的，所涉及的施工条件和危险情况大都是建立在可预测的基础上，而建设工程施工过程是开放的过程，在施工期间的变化经常发生，还可能出现预测不到的突发事件或灾害。所以，施工技术措施计划必须包括面对突发事件或紧急状态的各种应急设施、人员逃生和救援预案，以便在紧急情况下，能及时启动应急预案，减少损失，保护人员安全。

6）施工安全技术措施要有可行性和可操作性

施工安全技术措施应能够在每个施工工序中得到贯彻实施，既要考虑保证安全要求，又要考虑现场环境条件和施工技术条件。

施工安全技术措施的主要内容如下：

（1）进入施工现场的安全规定。

（2）地面及深槽作业的防护。

（3）高处及立体交叉作业的防护。

（4）施工用电安全。

（5）施工机械设备的安全使用。

（6）在采用"四新"技术时，应有针对性的专门安全技术措施。

（7）有针对自然灾害预防的安全措施。

（8）预防有毒、有害、易燃、易爆等作业造成危害的安全技术措施。

（9）现场消防措施。

另外：安全技术措施中必须包含施工总平面图，在图中必须对危险的油库、易燃材料库、变电设备、材料和构配件的堆放位置、塔式起重机、物料提升架（井架、龙门架）、施工用电梯、垂直运输设备位置、搅拌台的位置等按照施工需求和安全规程的要求明确定位，并提出具体要求。

2．职业卫生措施

职业卫生措施是预防职业病和改善职业卫生环境的必要措施，包括防尘、防毒、防噪声、通风、照明、取暖、降温等措施。

3．辅助用房间及设施

辅助用房间及设施是为保证生产过程安全卫生所必需的房间及环节设施，包括休息室、淋浴室内、厕所等。

4．安全宣传教育措施

安全宣传教育措施是为了宣传普及安全生产法律、法规、基本知识所需要的措施，其主要内容包括安全生产教材、图书、资料、安全生产展览、安全生产规章制度、安全操作方法训练设施、劳动保护和安全技术的研究与实验等。

（三）安全生产监督的类型和内容

工程项目安全检查的目的是消除隐患、防止事故、改善劳动条件及提高员工安全生产意识，是安全控制工作的一项重要内容。施工项目的安全检查应由项目经理组织，定期进行。安全生产检查监督的主要类型有：全面安全检查、经常性安全检查、专业或专职安全管理人员的专业安全检查、季节性安全检查、节假日安全检查和要害部门重点安全检查等。

安全生产检查监督的主要内容有：查思想、查制度、查管理、查隐患、查整改和查事故处理。

（四）生产安全事故应急预案

应急预案是对特定的潜在事件和紧急情况发生时所采取措施的计划安排，是应急响应的行动指南。生产事故应急预案在编制过程中应遵守以下的基本要求：

（1）符合有关法律、法规、规章和标准的规定。
（2）结合本地区、本部门、本单位的安全生产实际情况。
（3）结合本地区、本部门、本单位的危险性分析情况。
（4）应急组织和人员的职责分工明确，并有具体的落实措施。
（5）有明确、具体的事故预防措施和应急程序，并与其应急能力相适应。
（6）有明确的应急保障措施，并能满足本地区、本部门、本单位的应急工作要求。
（7）预案基本要素齐全、完整，预案附件提供的信息准确。
（8）预案内容与事故应急预案编制的内容。

应急预案编制的主要内容如下：

（1）总则。

总则中应包括：编制目的、编制依据、适用范围（适用的范围、事故的类型、级别）、应急预案体系（说明本单位应急预案体系的构成情况）、应急工作原则（内容应简明扼要、明确具体）。

（2）施工单位的危险性分析。

施工单位的危险性分析应包括：施工单位概况、危险源与风险分析（主要阐述本单位存在的危险源及风险分析结果）。

（3）组织机构及职责。

组织机构及职责包括：应急组织体系（应明确应急组织形式、构成单位或人员，并尽可能以结构图的形式表示出来）、指挥机构及职责。

（4）预防与预警。

预防与预警的内容包括：危险源监控（本单位对危险源监测监控的方式、方法，以及采取的预防措施）、预警行动（明确事故预警的条件、方式、方法和信息的发布程序）、信息报告和处置（明确事故及未遂伤亡事故信息报告与处置办法）。

（5）应急响应。

应急响应的内容包括：响应分级、响应程序（根据事故的大小和发展态势，明确应急指挥、应急行动、资源调配、应急避险、扩大应急等响应程序）、应急结束。

（6）信息发布。

（7）后期处理。

主要包括污染物处理、事故后果影响消除、生产秩序恢复、善后赔偿、抢险过程和应急救援能力评估及应急预案的修订等内容。

（8）保障措施。

保障措施主要包括：通信与信息保障（明确与应急工作相关联的单位或人员的联系方式和方法，并提供备用方案）、应急队伍保障（明确应急响应的人力资源，包括专业应急队伍、兼职应急队伍的组织与保障方案）、应急物资装备保障（救援需要作用的应急物资和装备的类型、数量、性能、存放位置、管理责任人及其联系方式等内容）、经费保障（明确应急专项经费来源、使用范围、数量和监督管理措施）、其他保障（根据本单位应急工作需求而确定的其他相关保障措施）。

（9）培训与演练。

明确对本单位人员开展应急培训的计划、方式和要求。明确应急演练的规模、方式、频次、范围、内容、组织、评估、总结等内容。

（10）奖惩。

明确应急救援工作中奖励和处罚条件和内容。

三、环保和文明施工的措施

建设工程项目必须有关环境保护法律、法规的要求，在施工过程中注意环境保护。环境保护是按照法律法规、各级主管部门和企业的要求，保护和改善作业现场的环境，控制现场的各种粉尘、废水、废气、固体废弃物、噪声、振动等对环境的污染和危害。

公路工程建设项目在编制施工组织设计过程中，除应根据《环境管理体系 要求及使用指南》建立环境管理体系，还应根据《中华人民共和国环境保护法》和《中华人民共和国环境影响评价法》的有关规定，对建设项目中的以下内容明确具体的保护措施：大气污染的防治、水污染的防治、噪声污染的防治、固体废弃物的处理以及文明施工措施等。

1. 施工现场空气污染的防治措施

施工现场空气污染的防治措施主要有以下的内容：

（1）施工现场垃圾渣土要及时清理出现场。

（2）高大建筑物清理施工垃圾时，要使用封闭式的容器或者采取其他措施处理高空废弃物，严禁凌空随意抛撒。

（3）施工现场道路应指定专人定期洒水清扫，形成制度，防止道路扬尘。

（4）对于细颗粒散体材料（如水泥、粉煤灰、白灰等）的运输、储存要注意遮盖、密封，防止和减少扬尘。

（5）车辆开出工地要做到不带泥沙，基本做到不洒土、不扬尘，减少对周围环境污染。

（6）除设有符合规定的装置外，禁止在施工现场焚烧油毡、橡胶、塑料、皮革、树叶、枯草、包装物等废弃物品以及其他会产生有毒、有害烟尘和恶臭气体的物质。

（7）机动车都要安装减少尾气排放的装置，确保符合国家标准。

（8）工地茶炉应尽量采用电热水器。若只能使用烧茶炉时，应选择消烟除尘型茶炉，在灶应选用消烟节能回风炉灶，使烟尘降到允许排放范围为止。

（9）大城市市区的建设工程已不容许搅拌混凝土。在容许设置搅拌站的工地，应将搅拌站封闭严密，并在进料仓上方安装除尘装置，采用可靠措施控制工地粉尘的污染。

（10）拆除旧建筑物时，应适当洒水，防止扬尘。

2．水污染的防治

水污染的主要来源有：

（1）工业污染源：各种工业废水向自然水体的排放。

（2）生活污染源：主要有食物废渣、食油、粪便、合成洗涤剂、杀虫剂、病原微生物等。

（3）农业污染源：主要有化肥、农药等。

施工现场废水和固体废物随水流流入水体部分，包括泥浆、水泥、油漆、各种油类、混凝土添加剂、重金属、酸碱盐、非金属无机毒物等。

在施工过程中对水污染的防治措施主要有以下方面：

（1）禁止将有毒有害废弃物作土方回填。

（2）施工现场搅拌站废水、现制水磨石的污水、电石的污水必须经沉淀池沉淀合格后再排放，最好将沉淀水用于工地洒水降尘或采取措施回收利用。

（3）现场存放油料，必须对库房地面进行防渗处理，如采用防渗混凝土地面、铺油毡等措施。使用时，要采取防止油料跑、冒、滴、漏的措施，以免污染水体。

（4）施工现场100人以上的临时食堂，污水排放时可设置简易有效的隔油池，定期清理，防止污染。

（5）工地临时厕所、化粪池应采取防渗漏措施。中心城市施工现场的临时厕所可采用水冲式厕所，并有防蝇灭蛆措施，防止污染水体和环境。

（6）化学用品、外加剂等要妥善保管，库内存放，防止污染环境。

3．噪声污染的防治

根据国家标准《建筑施工场界环境噪声排放标准》的要求，对建筑施工过程中场界环境噪声排放限值如表5-1所示。

表 5-1　建筑施工场界噪声排放限值　　　　　　　　　dB（A）

昼　间	夜　间
70	55

施工现场噪声控制技术可从声源、传播途径、接收者防护等方面来考虑。

（1）声源控制。

① 声源上降低噪声，这是防止噪声污染的最根本措施。

② 尽量采用低噪声设备和加工工艺代替高噪声设备与加工工艺，如低噪声振捣器、风机、电动空压机、电锯等。

③ 在声源处安装消声器消声，即在通风机、鼓风机、压缩机、燃气机、内燃面及各类排气放空装置等进出风管的适当位置设置消声器。

（2）传播途径的控制。

① 吸声：利用吸声材料或由吸声结构形成的共振结构（金属或质薄板钻孔制成的空腔体）吸收声能，降低噪声。

② 隔声：应用隔声结构，阻碍噪声向空间传播，将接收者与噪声声源分隔。隔声结构包括隔声室、隔声罩、隔声屏障、隔声墙等。

③ 消声：利用消声器阻止传播。允许气流通过的消声降噪是防治空气动力性噪声的主要装置。

④ 减振降噪：对来自振动引起的噪声，通过降低机械振动减小噪声，如将阻尼材料涂在振动源上，或改变振动源与其他刚性结构的连接方式等。

（3）接收者的保护。

让处于噪声环境下的人员使用耳塞、耳罩等防护用品。

（4）严格控制人为噪声。

① 进入施工现场不得高声喊叫、无故甩打模板、乱吹哨，限制高音喇叭的使用，最大限度地减少噪声扰民。

② 凡在人口稠密作业区进行强噪声作业工地，须严格控制作业时间，一般晚10点到次日早6点之间停止强噪声作业。确系特殊情况必须昼夜施工时，尽量采用降低噪声措施，并会同建设单位找当地居委会、村委会或当地居民协调，出安民告示，求得群众谅解。

4．固体废物的处理

建设单位工程工地常见的固体废物有：建筑渣土、废弃的散装大宗建筑材料、生活垃圾、设备材料等的包装材料、粪便等。

固体废物处理的基本思想是：采取资源化、减量化和无害化的处理，对固体废物产生的全过程进行控制。主要的处理措施有：

（1）回收利用。

回收利用是对固体废物进行资源化的重要手段之一。

（2）减量化处理。

减量化是对已经产生的固体废物进行分选、破碎、压实浓缩、脱水等减少其最终处置量，减低处理成本，减少对环境的污染。在减量化处理过程中，也包括和其他处理技术相关的工艺方法，如焚烧、热解、堆肥等。

（3）焚烧。

焚烧适用于不适合再利用且不宜直接予以填埋的废物，除有关规定的装置处，不得在施工现场熔化沥青和焚烧油毡、油漆，亦不得焚烧其他可能产生有毒有害和恶臭气体的废弃物。垃圾焚烧处理应使用符合环境要求的处理装置，避免对大气的二次污染。

（4）稳定和固化。

稳定和固化处理是利用水泥、沥青等胶结材料，将松散的废物胶结包裹起来，减少有害物质从废物中向外迁移、扩散，使得废物对环境的污染减小。

（5）填埋。

填埋是固体废物以过无害化、减量化处理的废物残渣集中到填埋场进行处置。禁止将有毒有害废弃物现场填埋，填埋场应利用天然或人工屏障。尽量使需处置的废物与环境隔离，并注意废物的稳定性和长期安全性。

5. 文明施工

文明施工是指保持施工现场良好的作业环境、卫生环境和工作秩序。因此，文明施工也是保护环境保护的一项重要措施。文明施工主要包括：规范施工现场的场容、保持作业环境的整洁卫生、科学组织施工，使生产有序进行，减少施工对周围居民和环境的影响，遵守施工现场文明施工的规定和要求，保证职工的安全和身体健康等。

根据我国相关规定，文明施工的要求主要包括：现场围挡、封闭管理、施工场地、材料堆放、现场住宿、现场防火、治安综合治理、施工现场标牌、生活设施、保健急救、社区服务等11项内容。总体上应符合以下要求：

（1）有整套的施工组织设计或施工方案，施工总平面布置紧凑，施工场地规划合理，符合环保、市容、卫生的要求。

（2）有健全的施工组织管理机构和指挥系统，岗位分工明确；工序交叉合理，交接责任明确。

（3）有严格的成品保护措施和制度，大小临时设施和各种材料构件、半成品按平面布置堆放整齐。

（4）施工场地平整，道路畅通，排水设施得当，水电线路整齐，机具设备状况良好，使用合理，施工作业符合消防和安全要求。

（5）搞好环境卫生管理，包括施工区、生活区环境卫生和食堂卫生管理。

（6）文明施工应贯穿施工结束后的清场。

对于建设工程现场文明施工的具体措施如下：

（1）加强现场文明施工的管理。

加强现场文明施工的管理工作主要有两个方面：建立文明施工的管理组织和健全文明施工的管理制度。

① 建议文明施工管理组织。

应确立项目经理为现场文明施工的第一责任人，以各专业工程师，施工质量、安全、材料、保卫等现场项目经理部人员为成员的施工现场文明管理组织，共同负责本工程现场文明施工工作。

② 健全文明施工的管理制度。

包括建立各级文明施工岗位责任制，将文明施工工作考核列入经济责任制，建立定期的检查制度，实行自检、互检、交接检制度，建立奖惩制度，开展文明施工立功竞赛，加强文明施工教育培训等。

（2）落实现场文明施工的各项管理措施。

针对现场文明施工的各项要求，落实相应的各项管理措施。

① 施工平面图布置。

施工总平面图是现场管理、实现文明施工的依据。要科学、合理地布置施工总平面图，并随工程实施的不同阶段进行场地布置和调整。

② 根据相关的法规、标准，对现场围挡、标牌设置；材料堆放、周转设备；现场生活设施；现场消防、防火；医疗急救、社区服务、治安等工作制定相应的管理措施。

（3）建立检查考核制度。

对于建设工程文明施工，在实际工程中，项目应结合相关标准和规定制定建立文明施工考核制度，推进各项文明施工措施的落实。

（4）抓好文明施工建设工作。

建立宣传教育的制度，坚持以人为本，加强管理人员和班组文明建设。主动与有关单位配合，积极开展共建文明活动，树立企业良好的社会形象。

四、特殊季节与特殊环境施工措施

对于公路建设项目应根据施工所在地季节性变化规律、施工环境，结合施工特点，制订特殊季节、特殊环境防范措施，编制应急预案，并应储备应急物资、定期演练。应及时收集当地气象、水文等信息，并根据情况及时采取防范措施。

对于特殊季节与特殊环境的施工措施主要包括：冬季施工、雨季施工、夜间施工、高温施工、台风季节施工、汛期施工、能见度不良施工、沙漠地区施工、高海拔地区施工等的措施。

1. 冬季施工措施

公路建设项目在冬季施工时，应采取以下的措施：

（1）冬季来临前，应检修、保养使用的船机、设备、机具及防护、消防、救生设施,并应采取防冻措施。

(2)冬季施工现场的道路、工作平台、斜坡道、脚手板船舶甲板等均应采取防滑措施、及时清除冰雪。冬季施工现场应配备消防设施。

(3)办公、生活区严禁使用电炉、碘钨灯等取暖,煤炭炉取暖必须采取防火、防一氧化碳中毒的措施。

(4)雪天或滑道、电缆结冰的现场外用电梯应停用,梯笼应置于底层。

(5)冬季施工高处作业应采取可靠的防滑、防寒和防冻措施,并应及时清除水、冰、霜、雪。

(6)严禁明为烧烤或开水加热冻结的储气罐、氧气瓶、阀门、胶管。

(7)封冻河流上施工应制订专项施工方案,机械设备冰上作业应经论证。

(8)内河凌汛期,水上在建的建(构)筑物和工程船舶等应采取防撞措施,现场上游应布设破冰防线。

(9)对于冬季施工的技术措施应满足相应规范、标准等的相关规定。

2. 雨季施工措施

公路建设项目在雨季施工时,应采取以下的措施:

(1)雨季来临前,应检查、修复或完善现场避雷装置、接地装置、排水设施,围堰、堤坝等应采取加固和防坍塌措施,易冲刷部位应采取防冲或导流措施。

(2)现场的脚手架、跳板、桥梁、墩台等作业面应采取防滑措施。

(3)大风、大雨后,应检查支架、脚手架、起重设备、临时用电工程、临时房屋等设施的基础。

(4)雷雨时,不得从事露天作业。

(5)对于冬季施工的技术措施应满足相应规范、标准等的相关规定。

3. 夜间施工

施工施工时应采取以下相应的措施:

(1)夜间施工时,作业场所或工程船舶应设置照明设备,照度应满足施工要求。光束不得直接照射工程船舶、机械的操作和指挥人员。

(2)夜间施工时,作业现场的预留孔洞、上下道口及沟槽等危险部位应设置夜间警示标志和警示灯。

4. 高温施工措施

(1)作业时间应避开高温时段。

(2)必须在高温条件下的施工作业应采取防暑降温措施。

(3)施工现场的易燃易爆物品应采取防晒措施。

5. 台风季节施工措施

对于在台风季节施工的工程项目,应做好以下台风季节施工的措施:

(1)在建工程、施工机械设备、临时设施、生活和办公用房应做防风加固,排水沟渠应通畅。

（2）应落实船舶避风锚地、拖轮和人员的转移地点。

6. 汛期施工施工措施

对于在汛期施工的工程项目，应做好以下的措施：

（1）易发生洪水、泥石流、滑坡等灾害的施工现场应加强观测、预警，发现危险预兆应及时撤离作业人员和施工机械设备。

（2）库区及下游受排洪影响地区施工作业应及时掌握水位变化情况。

7. 能见度不良施工措施

（1）能见度不良的施工现场不宜施工作业。

（2）能见度不良时水上作业场地应按规定启用声响警示设备和红光信号灯。

（3）船舶雾航必须按《国际海上避碰规则》和《中华人民共和国内河避碰规则》的有关规定执行。停航通告发布后，必须停止航行。

（4）航行中突遇浓雾应立即减速、测定船位，继续航行应符合相关规范的要求。

8. 沙漠地区施工措施

（1）风沙地区施工的临时生产、生活设施应满足防风、防沙的要求，驻地附近应设置高于15 m的红色信号旗和信号灯。

（2）通行车辆技术性能应满足沙漠运行要求，司机人员应接受相应培训。

（3）外出作业每组不得少于3人，并应配备通信设备。

（4）大风来临时，机械设备应按迎风面最小正对风向设置，高耸机械应采取固定、防风措施。

9. 高海拔地区施工措施

（1）海拔3 000 m以下地区施工作业应严格执行高海拔地区有关规定，制定相应规章制度，并应采取有效保障措施。

（2）应设立医疗机构和氧疗室，现场应配备供氧器。

（3）生活区、料库（场）、设备存放场应避开热融可能滑坍的冰锥、冻胀丘、高含冰量的冻土和湖塘等不良地段。

（4）高海拔地区施工驻地周边沼泽地带应设置警示标志。

（5）高海拔地区工作的人员应严格体检，不适合人员不得从事高海拔地区作业。

（6）海拔4 000 m及以上地区野外作业每天不宜超过6 h，隧道内作业每天不宜超过4 h。

第六章 施工组织设计的工程案例

在前面的章节中,我们已经论述过施工组织设计文件编制单位和设计深度不同,可划分为:施工方案、施工组织计划、施工组织设计三种。施工组织设计特指施工企业在开工前或施工过程中完成的计划文件,通常称为具有实施性的施工组织文件。施工组织设计在工程中的应用过程的主要内容包括:编制范围;编制原则;编制依据;工程概况(包括工程的地理、经济概况、地形地貌、水文、地质、气象、料场等情况的概述、主要设计指标、主要工程数量及工程特点、重、难点工程);总体施工目标;施工总体部署(包括:施工总体方案、施工组织机构的布置、施工段落的划分、施工队伍的布置等);施工准备工作(包括:临时工程、临时水、电、生产生活及工地建设的内容及具体标准);编制施工进度计划(网络图或横道图);主要工程及重、难点工程的具体施工方案、方法和技术措施;编制资源计划(包括:主要劳动力、机械、主要材料的供应计划等);施工平面图;工程质量保证体系及具体的保证措施;工程安全体系及安全生产保证措施;环境保护、水土保持保证体系及保证措施;事故应急体系及保证措施等内容。下面以某工程的实际案例为例综合运用上述的理论知识。

某高速公路某合同段施工组织设计
目　录

第一章　总则···(95)

1.1　编制范围··(95)

1.2　编制原则··(95)

1.3　编制依据··(96)

第二章　工程概况···(96)

2.1　工程概况··(96)

2.2　自然情况··(97)

2.3　主要设计标准··(97)

2.4　主要工程数量··(98)

2.5　工程特点、重点和难点··································(98)

第三章 总体施工目标 (99)
3.1 工期目标 (99)
3.2 质量目标 (99)
3.3 安全目标 (99)
3.4 环境目标 (99)

第四章 施工总体部署 (99)
4.1 施工组织方法 (99)
4.2 施工组织机构及其职责 (100)
4.3 施工任务安排 (103)
4.4 主要资源供应计划 (103)

第五章 施工准备工作 (105)
5.1 施工生活、生产驻地及试验室 (105)
5.2 驻地消防设施的布置 (107)
5.3 临时便道、驻地用水、电设施的布置 (107)
5.4 混凝土拌和站、钢筋加工厂、预制场的布置 (108)
5.5 钢筋加工场 (108)
5.6 预制梁场 (109)
5.7 施工材料存放 (109)
5.8 取土场、弃土场设置 (109)
5.9 施工平面图 (110)

第六章 施工进度计划 (110)
6.1 总体工期目标 (110)
6.2 分项工程总进度计划 (110)
6.3 施工组织进度图 (110)

第七章 主要工程、重难点工程的施工方案、方法及施工要点 (110)
7.1 各分项工程的施工方案 (111)
7.2 各分项工程的施工方法 (111)
7.3 路基工程施工方法 (112)

第八章 工期保证体系和措施 (116)
8.1 工期保证体系 (116)
8.2 工期保证的组织措施 (116)
8.3 保证工期的技术措施 (117)

第九章 质量管理体系及保证措施 (117)
9.1 质量管理体系 (118)

9.2 组织保证措施……………………………………………（118）
   9.3 制度保证措施……………………………………………（119）
   9.4 主要分项工程施工质量保证措施………………………（119）
   9.5 质量问题的事前、事中、事后控制的处理措施………（121）

第十章 安全生产管理体系及保证措施……………………（121）
   10.1 安全管理体系……………………………………………（121）
   10.2 安全管理的组织和制度措施……………………………（121）
   10.3 安全生产技术保证措施…………………………………（124）
   10.4 安全应急措施……………………………………………（130）
   10.5 卫生防疫措施……………………………………………（130）

第十一章 环境保护、水土保持体系及措施………………（131）
   11.1 环境保护、水土保持保证体系…………………………（131）
   11.2 环境保护、水土保持的组织保证措施…………………（131）
   11.3 环境保护、水土保持保证措施…………………………（132）
   11.4 水土保持保证措施………………………………………（133）

第十二章 文明施工、文物保护体系及措施………………（134）
   12.1 文明施工、文物保护保证体系…………………………（134）
   12.2 文明施工、文物保护保证措施…………………………（134）
   12.3 文物保护措施……………………………………………（135）

第十三章 特殊季节施工保证措施…………………………（135）
   13.1 雨季施工措施……………………………………………（135）
   13.2 炎热高温季节施工措施…………………………………（135）
   13.3 缺陷责任期内对工程的维护方案………………………（136）
   13.4 项目风险预测与防范，事故应急预案…………………（136）

第一章 总则

1.1 编制范围

某高速公路某合同段起赴里程为 K000+000～K8+150，主线线路长度 8.15 km。

1.2 编制原则

1. 符合施工合同或招标文件中有关工程进度、质量、安全、环境保护、造价等方面的要求。

2. 不断学习创新，积极开发、使用新技术和新工艺，推广应用新材料和新设备。

3. 坚持科学、规范、标准化的施工程序和合理的施工顺序，采用流水施工和网络计划等方法，合理配置资源，合理布置现场，采取季节性施工措施，实现均衡施工，达到合理的经济技术指标。

4. 采取技术和管理措施，推广建筑节能和绿色施工。

5. 与质量、环境和职业健康安全三个管理体系的有效结合。

1.3 编制依据

1.《某高速公路某标段两阶段施工图设计》。

2. 国家、交通运输部现行的施工规范、施工质量验收标准、技术指南、试验规程、安全规程，主要有：（为了便于学生系统地学习和理解，此处将本案例中所涉及的规范进行了详细的论述，在工程过程中，此部分内容可以简述。）

（1）《公路路基施工技术规范》（JTG F10—2006）；

（2）《公路路基基层施工技术规范》（JTG/TF20—2015）；

（3）《公路沥青路面施工技术规范》（JTG F40—2015）；

（4）《公路沥青路面再生技术规范》（JTG F41—2008）；

（5）《公路桥涵施工技术规范》（JTG/TF50—2011）；

（6）《公路工程基桩动测技术规程》（JTG/T F81—01—2004）；

（7）《公路隧道施工技术规范》（JTG F60—2009）；

（8）《公路工程沥青及沥青混合料试验规程》（JTG E20—2011）；

（9）《公路土工试验规程》（JTG E40—2007）；

（10）《公路隧道施工技术细则》（JTG/T F60—2009）；

（11）《公路工程质量检验评定标准》（第一册 土建工程）（JTG F801—2012）；

（12）交通运输部公路局《高速公路施工标准化技术指南》（第一分册 工地建设）2012；

（13）交通运输部公路局《高速公路施工标准化技术指南》（第二分册 路基工程）2012；

（14）交通运输部公路局《高速公路施工标准化技术指南》（第三分册 路面工程）2012；

（15）交通运输部公路局《高速公路施工标准化技术指南》（第四分册 桥梁工程）2012；

（16）《公路工程施工安全技术规范》（JTGF90—2015）。

3. 公司在已往工程等施工经验和对当地环境的了解及现场踏勘资料、现场条件及本合同段的岩土工程勘察报告。

4. 本标段招标文件、施工图审查纪要、招标文件补遗书、招标答疑会议纪要等内容。

5. 公司通过认证的质量、环境、职业健康安全体系管理手册和程序文件。

第二章 工程概况

2.1 工程概况

某高速公路某标段是国家高速公路网中的一段，是我国高速公路主骨架的重要组成部分。本项目的建设对完善国道主干线公路网，改善地区交通条件，加强本省与内地的联系，促进贫困地区社会经济发展、旅游资源开发、增强民主团结具有重要意义。

2.2 自然情况

2.2.1 地形地貌

本合同地属构造坳盆地，受北东向构造控制，在地断裂基础上，新构造沉降形成断坳盆地。盆地内由第三系数百米厚的湖、沼相沉积黏性土、砂土、卵砾石、褐煤，上部零星覆盖第四系冲、洪积相黏性土、砂砾石。盆地这缘发育有堆积台和洪积扇，主要分布于盆地东部。盆地西北部山地较平缓，为弱侵蚀低山地形，东部山势较高，为中山地形，分布有岩溶峰丛谷地。地层岩性多为第三系黏性土、粉质黏土、卵砾石等；局部顶部覆盖第四系残坡积黏土、粉质黏土、碎石土等。

2.2.2 区域地质情况

本合同段位于盆地东侧边缘地带，向较高丘坡山地区过渡，地形平缓，起伏较小，地表为第四系残坡积（Q^{el+dl}）褐土、褐红色粉质黏土，可塑至硬塑状，厚 1~3 m，其下为上第三系（N）可塑至硬塑黏土、粉质土，厚 5~20 m，下伏基岩为石炭系下统大塘组旧司段（C_1d）页岩、炭质页岩夹灰岩，页岩多为全风化及强风化，遇水易软，灰岩为中厚层状构造，中风化为主，岩质硬、岩体较破碎，节理裂隙较发育，地表水及地下水不发育，地下水位埋深较大，不良地质不发育，特殊岩土为膨胀土，工程地质条件一般。

2.2.3 水文气象

路线区域属高原性气候，具有温凉、四季温差明显、干雨季分明的特点：气候明显地受地形影响，特别是受高程的控制，海拔 2 200 m 以上地带。9—12 月常常阴雨连绵，雾罩期长。因此，区内气候垂直分带明显，雨水变化不大。最热月平均气温 18.9~26.4 ℃，最冷月平均气温 2.6~13.5 ℃，多年平均气温 11.4~20.9 ℃；多年平均降雨量 946.9~1 282 mm，雨季多集中在 6—10 月约占全年降水量的 79%，多年日照率为 2 011 h。

2.2.4 沿线筑路材料

本合同段以填方为主，在本合同段 K3+280 左侧出去约 2 km 处有一料场。该料场石质为灰岩，坚硬、岩体较完整。可开采块石、片石、碎石，储量足量，运输条件方便。

2.2.5 交通、电力及道路运输条件

工程用水可从沿线河流、坝塘、水库供水。公路沿线均已通电，工程用电可就近商接。因此只考虑少部分特殊需要的自发电。

沿线路段离老路或地方道路较远，需要修建施工进场道路，保证筑路材料、机具设备和主副食的运输。

2.3 主要设计标准

本合同段的主要技术标准如表 2-1 所示。

表 2-1 主要技术标准表

名称	单位	主　线
公路等级		高速公路
设计速度	km/h	100
路基宽度	m	33.5
行车道宽度	m	6×3.75（整体式）
平曲线最小半径	m/处	2 200.0/1
最大纵坡/坡长限制	%/m/处	2%/530/1
最小坡长	m	458.128
停车视距	m	160
设计荷载等级		公路-Ⅰ级
桥梁净宽		与路基同宽
大桥	m/座	664.32/2
远景交通量	辆/日	31 115（远景2033年的交通量）

2.4　主要工程数量

本合同段的主要工程数量表如表2-2所示。

2.5　工程特点、重点和难点

2.5.1　工程特点

本工区地形地质复杂，大部分段落为峡谷地形，地势险峻，路线集中表现为沿河线和越岭线。路线跨越深沟、峡谷，受地形和高差海拔等控制。

2.5.2　工程重点和难点

本合同段主要工程有：路基土石方、排水、防护、涵洞、桥梁工程。由于本合同段内的桥高孔大，长，构筑物工程规模大，桥梁大桥单边总长664.32 m，桥梁总里程约占路线总长的11.11%，技术复杂程度高，工程集中而艰巨。所以桥梁工程是本工区的重点、关键和控制性工程。

表 2-2 主要工程数量表

序号	工程项目		单位	数量
1	路基土石方数量	计价土方	km³	2 158.718
		计价石方	m³	433.124
2	平均每千米土石方数量		km³	307.888
3	弃土石方总量		km³	655.582
4	借土石方总量		km³	1 442.614
5	路基防护	挡土墙	m	1 744.09
		圬工	km³	11.284

续表

序号	工程项目		单位	数量
6	路基排水	圬工	km³	7.432
7	涵洞		m/道	418.35/8
8	大桥		m/座	664.32/2
9	中桥		m/座	132.12/1

第三章 总体施工目标

3.1 工期目标

本合同段的合同工期为 24.5 月。根据我公司的精心组织、合理安排，计划完成的工期为 24 个月。比合同工期提前 0.5 月完成。拟计划开工时间为 2016 年 1 月 1 日，竣工时间为 2018 年 12 月 31 日。在施工过程中，我公司将完全服从建设单位对工期的要求和调整。

3.2 质量目标

确保全部工程达到国家和交通运输部现行工程质量验收标准。本合同段工程交工验收的质量评定：工程一次交验合格率达到 100%，优良率达 95% 以上。

3.3 安全目标

在施工过程中的安全目标为：无重伤以上责任事故；轻伤控制在 3‰ 以内；无火灾事故；无重大机械设备责任事故；无较大交通事故。全工程建设期无重、特大安全事故。

3.4 环境目标

全面控制施工污染，减少污水、空气粉尘及噪声污染，全面达到国家、当地政府的自然保护、环保、水保标准。确保做到"少破坏、多保护、少扰动、多防护、少污染、多防治"。使环境保护监测控制项目及控制结果达到设计文件及有关规定要求，确保工程所在地的环境不受污染和通过相关部门验收。

保证职工生活及工作场所干净整洁、施工现场粉尘及有害气体不超过国家规定标准、劳动保护符合有关规定；防止食物中毒、传染病扩散、职业病、地方病发生。

第四章 施工总体部署

4.1 施工组织方法

根据本合同段工程的特点、工程分布的情况，为充分发挥施工资源效率，保证工程施工质量、工期、安全、环保的目标。在施工组织设计过程中严格遵循科学、连续、合理、经济的基本原则，尽量考虑均衡施工，避免机械设备和劳动力投入的剧增和剧减，把本合同段施工时把整个合同段分为路基工作区、桥梁工作区、路基防护工作区。施工队以路基便道、特殊路基处理、涵洞施工为先导，高填深挖路基、大桥；跨河桥梁紧紧抓住旱季，超前安排低洼地段墩台和高墩的施工；以"先主体后附属、先重点后一般"的原则安排施工顺序，路基与桥涵、施工紧密配合，填筑一段，成型一段，防护一段。各施工队平行作业，在本队施工范围内展开平行流水施工。多作业面展开平行流水施工，即施工过程采用立体交叉平行流水作业的方法，根据现场情况划分多个工作面同时开展施工，加快总体施工进度。

4.2 施工组织机构及其职责

本公司将组织有类似工程施工经验的管理、技术人员组建"某高速公路某合同段项目经理部"，负责组织、协调、管理本标段工程施工。并配备齐全各类专业技术人员、技术工人来承担本工程施工任务。

项目经理部设项目经理、项目副经理、总工程师、下设五部二室，即工程部、安质部、设备物资部、合同管理部、财务部、综合办公室，工地试验室，分别负责本工程项目的施工技术、测量、安全质量、合同管理、成本核算、财务、物资设备、行政管理、材料试验与检验等工作，全面保证本工程建设任务的优质、高效完成。具体的组织机构图如图4-1所示。

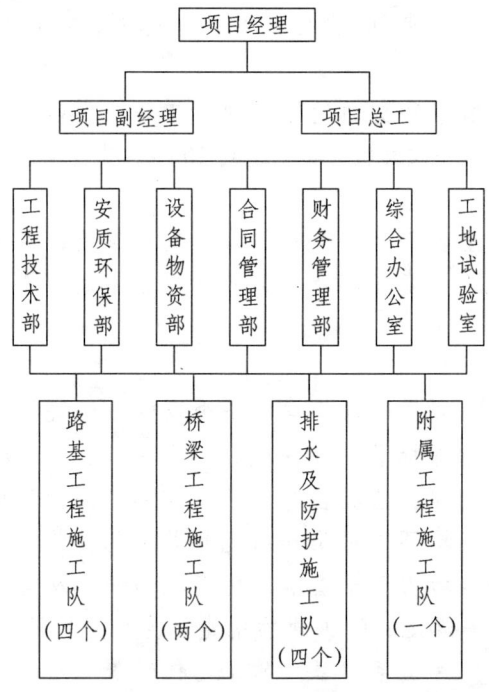

图4-1 某高速公路某合同段项目组织机构图

（1）项目经理职责

由我单位委派、受我公司委托，在有关本工程的实施、完成与缺陷修复等方面以我公司的名义执行与此有关的事务。全面负责本工程项目的组织、实施、协调、管理和监控，负责工程项目的各种资源配置，对本工程安全保证、质量保证、工期保证、环境保护、水土保持、劳动卫生等工作负责。确保"三个体系"在本工程项目上的持续有效运行。把安全质量责任落实到位。抓好施工生产计划的落实，处理施工中出现的具体问题。负责处理现场的日常工作。

（2）项目副经理职责

协助管理施工生产。在施工中严把安全质量生产关，抓好施工中安全质量工作。

（3）总工程师职责

对本工程质量、施工技术、计量测试等负直接技术责任，带领并指导所有技术人员开展扎实有效的技术管理工作。提出并贯彻改进工程质量的技术措施。负责组织图纸会审，组织重大技术方案的审查，组织对施工组织设计的审查及批准，负责质量计划的编制，检测标准方案的制订。负责新技术、新工艺、新设备、新材料及先进科技成果的推广和应用。具体负责组织对本工程项目施工方案、施工组织设计及质量计划进行编制及批准后的实施。对施工中可能出现的质量通病及其纠正、预防措施进行审核。组织科研攻关项目，解决工程施工中的关键施工技术和重大技术难题。对本工程的环境保护、劳动保护和安全生产的技术工作负责，结合本工程的作业环境和施工特点，科学周密地制定并下达安全生产的技术方案、劳动保护措施和环境保护的具体措施，并认真贯彻落实。

（4）工程技术部职责

负责本工程的施工技术工作。编制实施性施工组织设计和施工方案。对施工测量室进行指导并检查工作。负责对设计图纸进行核对、技术交底、过程监控，解决施工技术疑难问题。负责编制竣工资料和进行技术总结，组织实施工程竣工后保修和后期服务。组织推广应用"四新"技术，开发新成果。按照合同规定，与业主协作配合，协调各作业队做好与其他各承包单位、前后专业工序之间的联系与配合。施工测量室负责控制测量、放线定位测量和对工程进行复核、检查及其他抽查性测量工作，负责测量桩橛的交接，根据建设单位和设计部门给定的控制点，布置施工阶段的测量控制网，负责实施竣工测量，并按规定做好相关的测量记录，参与验工计价。

（5）安质环保部职责

负责本项目施工质量管理和质量检查工作。根据本工程的质量目标及要求和容易出现问题的环节对全体员工有针对性地进行施工前质量及技术规范培训，制定各项质量保证规章、制度及分项工程质量保证措施，建立质量报告制度，负责施工质量检查，质量管理。贯彻执行国家、业主和本企业有关施工质量管理方面的规定和制度。负责工程质量监督、检查、评定，配合监理工程师做好项目质量管理工作，编制工程项目质量计划，根据本工程的质量目标制定创优目标及措施，并监督执行。组织开展 QC 小组活动，负责对施工中出现的不合格产品和不合格项目进行处理，并针对施工中容易出现的问题制定纠正和预防措施。

负责本项目施工安全管理和检查工作。根据本工程的安全目标及要求和容易出现问题的环节对全体员工有针对性地进行施工前安全培训，制定各项安全生产规章、制度及分项工程安全操作规程，监督检查持证上岗制度的落实情况，建立事故报告制度，负责施工安全检查，交通运输管理，制订交通保畅规划和方案，负责交通安全、畅通无阻，保证交通与施工的合理交叉和并存的正常运行。

负责本工程项目在施工过程中的环境保护和水土保持工作，建立和完善环境保护体系，制定环保、水保措施、水环境监测，强化施工环保管理和监控，建立严格的检查制度，抓好环保措施的落实。

（6）设备物资部职责

负责本项目施工所需机械设备、运输车辆、购买、调度、使用管理、维护保养、定期对施工设备进行检查，对机械状况的完好性、附件的齐全性以及工作装置调整的正确性负责，根据本工程施工的特点备足各类机械的零配件，保证施工设备良好运转，确保工程连续施工。

负责工程所需物资的供应工作，并配合建设单位做好本工程的设备和物资的招标采购工作。根据工程进度安排，合理编制自购物资的采用计划、供应计划，负责工程所需物资、材料的采购、保管、标识、分发、日常管理等工作，并负责爆破物品的管理。对购进的材料质量负责，所有采用材料应有出厂质量保证书、合格证及应有的化验检测报告，并配合试验室进行抽检。

（7）合同管理部职责

依照合同法和公司内部承包管理办法负责与各施工队进行劳务合同、内部承包合同的制定、签订和管理。全面负责项目部所有的资料、文件的管理工作。负责本工程进度目标的分析和论证、编制进度计划、定期跟踪进度计划的执行情况、采取纠偏措施，并根据施工进度计划和工期要求，适时提出计划修正意见报项目经理批准执行。负责验工计价工作，指导各作业队开展责任成本核算工作。负责按时向业主报送有关报表和资料。对本工程各工序进行定额测定及分析，适时算出各工序定额并分析各项目定额单价。

（8）财务部职责

负责本工程项目的财务管理、承包合同、成本控制、成本核算工作。参与合同评审，组织开展成本预算、计划、核算、分析、控制、考核工作。按月制定资金使用计划，按照财务相关法律法规负责本工程的资金管理，确保项目建设资金的专款专用。

（9）综合办公室

负责处理项目经理部一切日常工作，负责党政、文秘、接待及对外关系协调等工作。下设治安室配合当地公安部门做好本工程的安全保卫工作；卫生所负责工地的消毒、员工医疗、事故救治及流行病的预防。完成本工程的征地拆迁、临时用地，并配合业主完成永久征地拆迁工作，确保本工程的顺利进行和如期完成。

（10）工地试验室职责

负责本工程项目原材料及施工过程的试验控制，及时按施工技术规范邀请有资质的质量检测单位对施工项目进行检验和检测，确保施工质量；制定标养室管理职责、文件资料管理、仪器设备管理、样品管理、试验环境及方法、检测依据及标准、记录控制及资料统计分析等内容。参与编制竣工资料和进行试验工作总结。根据现场试验资料，配合质量检测单位提供各种混凝土施工配合比。负责工程项目的计量测试工作，并负责工程项目的检验测量和试验仪器的核定、校准及使用管理。

4.3 施工任务安排

根据本合同段的工程规模、特点，为便于施工管理，根据专业化、标准化、规范化施工的理念将本合同段的施工任务进行了科学、合理的划分。具体划分的内容及主要工作任务的安排如表 4-1 所示。

表 4-1 本合同段施工任务的安排

序号	项目名称	施工队	主要施工任务
1	路基	路基土石方一队	K0+000～K2+100 路基土石方工程的施工
		路基土石方二队	K2+100～K4+200 路基土石方工程的施工
		路基土石方三队	K4+200～K6+300 路基土石方工程的施工
		路基土石方四队	K6+300～K8+150 路基土石方工程的施工
		路基防护工程一队	K0+000～K2+100 路基防护工程的施工
		路基防护工程二队	K2+100～K4+200 路基防护工程的施工
		路基防护工程三队	K4+200～K6+300 路基防护工程的施工
		路基防护工程四队	K6+300～K8+150 路基防护工程的施工
2	桥梁	桥梁一队	主要负责 K3+063 大桥施工
		桥梁一队	主要负责 K5+065.44 中桥的施工
		桥梁二队	主要负责 K6+639.5 大桥的施工
		桥梁二队	主要负责 K7+118 中桥的施工
3	附属工程施工队		主要负责 K0+200-K4+000 附属工程的施工

4.4 主要资源供应计划

4.4.1 主要机械、设备使用计划

根据本公司对本合同段施工项目的精心组织施工的安排，对本合同段投拟入的主要机械、设备的使用计划如表 4-2 所示。

4.4.2 主要劳动力计划

本合同拟投入的主要劳动力用工计划如表 4-3 所示。

4.4.3 主要材料用量计划

本合同拟的主要材料需用量计划表如表 4-4 所示。

表 4-2 本合同段拟投入的主要机械、设备使用计划表

序号	机械或设备名称	单位	型号规格	数量	进场时间	出场时间	备注
一	路基工程						
1	平地机	台	180 kW	3	2016-1-10	2017-6-5	
2	振动压路机	台	25 t	12	2016-2-11	2017-6-5	
3	装载机	台	2 m	6	2016-2-11	2017-6-5	

续表

序号	机械或设备名称	单位	型号规格	数量	进场时间	出场时间	备注
4	挖掘机	台	1.0 m	6	2016-2-11	2017-6-5	
5	自卸汽车	台		23	2016-2-11	2017-6-5	
6	推土机	台	220 kW	3	2016-2-11	2017-6-5	
7	洒水车	台		2	2016-2-15	2017-6-5	
二	桥梁工程						
8	架桥机	台	120 t	3	2016-6-25	2017-9-1	
9	龙门吊	台	120 t	2	2016-6-25	2017-9-1	
10	桩基钻孔设备	台		8	2016-2-10	2017-3-1	
11	循环智能压浆设备	套		1	2016-2-10	2017-3-1	
12	预应力智能张拉设备	套		4	2016-4-20	2017-6-1	
13	水泥混凝土搅拌站（带自动计量系统）	套	水泥储存罐（100 t）	3	2016-2-1	2017-8-1	
		套	100 m³/h	1	2016-2-1	2017-8-1	
14	移动式混凝土输送泵	套	60 m³/h	2	2016-10-1	2017-10-10	
15	数控钢筋弯曲机	台		1	2016-4-25	2017-6-1	
16	数控钢筋切断机	台		1	2016-4-25	2017-6-1	
17	液压钢筋调直机	台		1	2016-4-25	2017-6-1	
18	混凝土搅拌运输车	台	10 m³	5	2016-2-10	2017-10-10	

表 4-3 本合同段主工劳动力用工计划表

单位：人

工种	按工程施工阶段投入劳动力情况 (2016) 年																											备注
	1月			2月			3月			4月			5月			6月			7月			8月			9月			
	上	中	下	上	中	下	上	中	下	上	中	下	上	中	下	上	中	下	上	中	下	上	中	下	上	中	下	
管理人员	6	6	6	6	6	19	19	19	19	19	19	19	19	19	19	19	19	19	19	19	19	19	19	19	19	19	19	
普工	20	20	20	20	20	400	400	400	400	420	420	420	500	500	500	500	500	500	700	700	700	700	700	700	700	700	700	

工种	按工程施工阶段投入劳动力情况																		备注
	(2016) 年									(2017) 年									
	10月			11月			12月			1月			2月			3月			
	上	中	下	上	中	下	上	中	下	上	中	下	上	中	下	上	中	下	
管理人员	19	19	19	19	19	19	19	19	19	19	19	19	19	19	19	19	19	19	
普工	780	780	780	780	780	780	700	700	700	700	700	700	700	700	700	640	640	640	

工种																			备注
	4月			5月			6月												
	上	中	下	上	中	下	上	中	下										
管理人员	19	19	19	19	19	19	19	19	19										
普工	640	640	640	640	640	640	310	310	310										

工种	按工程施工阶段投入劳动力情况 (2017) 年																		备注
	7月			8月			9月			10月			11月			12月			
	上	中	下	上	中	下	上	中	下	上	中	下	上	中	下	上	中	下	
管理人员	19	19	19	19	19	19	19	19	19	19	19	19	19	19	19	19	19	19	
普工	310	310	310	200	200	200	80	80	80	80	80	80	80	80	80	20	20	0	

表 4-4 主要材料需用量计划表

序号	材料名称	单位	来源	运输方式	数量（2016 年）					备注
					一季度	二季度	三季度	四季度	合计	
路基工程										
1	碎石	m³	自采	汽车	12 550	25 500	25 670	25 102.1	88 822.1	
2	片石	m³	自采	汽车	3 028	6 056.6	8 268	7 535	24 887.6	
3	反滤土工布	m²	外购	汽车		1 030				
4	防渗土工膜	m²	外购	汽车		57 061				
5	光圆钢筋	kg	外购	汽车			6 945	6 945	13 890	
6	带肋钢筋	kg	外购	汽车			50 748.3		50 748.3	
7	锚杆	kg	外购	汽车			23 653.2		23 653.2	
桥梁工程										
8	光圆钢筋	kg	外购	汽车	16 835	63 305.8	79 231.6	79 231.6	238 604	
9	带肋钢筋	kg	外购	汽车	141 215	786 235.6	1 410 424.4	1 410 534	3 748 409	
10	冷轧钢筋网	kg	外购	汽车		1 761	52 344	52 344	106 449	
11	检测管	kg	外购	汽车	9 956.58	19 913.2	19 913.2	19 913.2	69 696.2	
路基工程										
1	碎石	m³	自采	汽车	25 102	15 774			40 876	
2	片石	m³	自采	汽车	6 796	6 258	740		13 794	
5	光圆钢筋	kg	外购	汽车	6 945	6 945	2 315			
6	带肋钢筋	kg	外购	汽车		50 748			50 748	
7	锚杆	kg	外购	汽车		23 653			23 653	
桥梁工程										
8	光圆钢筋	kg	外购	汽车	79 231.6	36 226.4	16 862.4		132 320.4	
9	带肋钢筋	kg	外购	汽车	1 316 781.48	751 996.32	51 731.2		2 120 509	
10	冷轧钢筋网	kg	外购	汽车	52 344	34 896			87 240	
11	检测管	kg	外购	汽车	13 275.44				13 275.44	

第五章 施工准备工作

5.1 施工生活、生产驻地及试验室

考虑到项目部位置选址位置宜靠近工各项目现场的中间位置，应远离地质自然灾害区域，用地合法，周围无塌方、滑坡、落石、泥石流、洪涝等自然灾害隐患，无高频、高压电源及油、气、化工等其他污染源。项目部安排在 K4+200 路线右侧 1 千米处。满足安全、环保、水保的要求，交通、通信便利。在本合同段的沿线共布置 3 个生活区。生活区 1 在 K0+700 右侧 100 米处、生活区 2 在 K4+000 左侧 100 米处、生活区 3 在 K8+000 右侧 100 米处。生产用用房的标准如表 5-1 所示、生活用房的标准如表 5-2 所示。

表 5-1　本合同段生产用房的配备标准

各室名称	配备标准/m²	备注
	项目部	
办公室	102	人均面积 6 m²
会议室	60	具备多媒体功能
档案资料室	20	
试验室	180	各操作室合计面积

表 5-2　本合同段生活用房面积标准

各室名称	配备标准/m²			备注
	生活区 1	生活区 2	生活区 3	
宿舍	840	1050	1365	人均面积 3.5 m²
食堂	192	240	312	人均面积 0.8 m²
浴室	72	90	117	人均面积 0.3 m²
厕所	48	60	78	人均面积 0.20 m²

（1）根据交通运输部公路局《高速公路施工标准化技术指南》(第一分册　工地建设)的具体要求，项目部应自建房。自建房采用活动板房，建设宜选用阻燃材料，搭建不宜超过两层，每组最多不超过 10 栋，组与组之间的距离不小于 8 m，栋与栋之间的距离不小于 4 m，房间净高不低于 2.6 m。

每间宿舍原则上不超过 30 m²，居住人员不宜超过 8 人。

（2）宿舍内门窗（可开启式）设置齐全，门净宽不小于 0.8 m，室内通风、照明良好，地面应硬化、防潮，室外应设专门晾衣处。

（3）宿舍内保证每个单铺（可上下铺），单铺不得超过 2 层，床铺应高于地面 0.3 m，人均床铺面积不小于 2 m²，床铺间距不小于 0.5 m。

（4）宿舍内设置生活用品专柜，个人物品摆放整齐，宜统一床单被罩。室内严禁存放易燃、易爆物品，严禁乱拉电线、明火做饭和作用在功率电器设备。

（5）食堂宜设置在离厕所、垃圾站及有害物质场所不小于 20 m 以外的位置，与办公用房、生活用房距离不小于 10 m；食堂净空不小于 2.8 m，门净宽不小于 1.2 m。食堂内设置独立的制作间、储藏间，并配有消毒设备，燃气罐应单独设置存放间，地面应做硬化和防滑处理，配备纱门、纱窗、纱罩等。食堂排水系统良好，避免污水淤积。

（6）淋浴间与更衣间分离设置，更衣间内应设置长凳、储衣柜或挂衣架。

（7）厕所应为通风、采光良好可冲洗式厕所，地面应作防滑处理，并配备纱门、纱窗、纱罩等；大小便池内镶贴瓷砖；厕所应指定专人负责卫生工作。

（8）应对生活污水排放进行规划设计。设置多级沉淀池，通过沉淀过滤达到排放标准。厕所污水应通过集中独立管道进入化粪池,封闭处理。

(9)驻地内应设置一个大型垃圾堆积池,容积不小于 3 m×2 m×1.5 m,将各种垃圾集中分类存放,定期按环保要求处置。

试验室的标准如表 5-3 所示。

表 5-3 本合同段工地试验室各功能室面积标准

各室名称	配备标准/m²	备注
档案资料室	15	
土工室	20	应配置温度控制设备
集料室	15	应配置温度控制设备
样品室	15	应按照样品状态分区
水泥室	20	应配置温度控制设备
水泥混凝土室	20	应配置温度控制设备、完善排水设施
力学室	20	应配置温度控制设备
标养室	25	应配置温度控制设备、完善排水设施
沥青室	20	应配置温度控制设备
沥青混合料室	25	应配置温度控制设备、大功率排风设备,对沥青混凝土的项目需增加一间面积不小于 10 m² 的化学室
无机结合料室	15	应配置温度控制设备
检测设备室	10	
办公室	30	
会议室	20	满足 20 人开会的要求

5.2 驻地消防设施的布置

驻地内消防设施应满足《建设工程施工现场消防安全技术规范》的有关规定,在适当位置设置临时室外消防水池和消防沙池,配置相应的消防安全标识和消防安全器材,并经常检查、维护、保养。驻地内应设置消防通道,并保证消防道的畅通,禁止在车道上堆物、堆料或挤占消防通道。

5.3 临时便道、驻地用水、电设施的布置

本合同段交通较方便,物资设备可直接运至大兴,经既有公路进入临时便道即可到达工地,便道宽度满足设计,为泥结碎石路面。便道泥结碎石路面施工严格按照规范施工,绝对保证施工期间运输道路的畅通和工程的顺利进行,晴天不起尘,雨天不断行。

本工区附近溪流较多，施工用水从附近溪流抽水，施工营地、预制场、拌和站及桥涵各工点修建蓄水池，以满足工程施工用水需要。生活用水采取用水管与葡萄村饮用水管相接，输送至生活区。

供电线路（三相四线）敷设至施工营地、施工现场，配备配电箱、低压动力、照明系统。驻地内使用的电气设备和临时用电应符合《施工现场临时用电安全技术规范》的规定，并尽量与营运期永久用电相结合。

5.4 混凝土拌和站、钢筋加工厂、预制场的布置

混凝土拌和站选择在 K3+063 10×20 m 大桥左侧岸，拌和站的建设标准如表 5-4 所示。

表 5-4 拌和站建设标准

拌和站类型	场地面积/m²	每个拌和站搅拌机级最低配置
水泥混凝土拌和站	5 000	2 台拌和机（每台至少 3 个水泥罐、4 个集料仓）
沥青混合料拌和站	35 000	1 台拌和机（每台至少 3 个沥青罐、2 个矿粉罐、冷热集料仓各 5 个）

拌和站应综合考虑施工生产情况，合理划分拌和作业区、材料计量区、材料库、运输车辆停放区、试验区、集料堆放区及生活区，内设洗车池（洗车台）、污水沉淀池和排水系统。拌和站场地面积、搅拌机级配置及产能应满足生产、施工需求和工程进度要求，一般不低于表 5-4 的规定。

场地（含堆料区、加工区）应做硬化处理，主要运输道路应采用不小于 20 cm 厚的 C20 混凝土硬化，基础不好的道路应增设碎石掺石屑垫层。场内排水宜按照中间高四周低的原则预设不小于 1.5% 的排水坡度，四周宜设置砖砌排水沟，并采用 M7.5 砂浆抹面。

拌和站各罐体宜连接成整体，安装缆风绳和避雷设施，每一个罐体应喷涂成统一颜色，并绘制高速公路项目名称以及施工单位简称，两者竖向平行绘制，颜色（建议采用白底蓝字）、字体醒目。

5.5 钢筋加工场

钢筋加工场设置在 K4+827 立交区处，采用封闭式管理。场地内应按原材料堆放区、钢筋下料区、加工制作区、半成品堆放区、成品待检区、合格成品区、废料处理区等科学合理设置，功能明确，标识清晰。场内应做硬化处理，主要运输道路应采用不小于 20 cm 厚的 C20 混凝土硬化。场内排水宜按照中间高四周低的原则预设不小于 1.5% 的排水坡度，四周宜设置砖砌排水沟，并采用 M7.5 砂浆抹面。

钢筋加工场架构宜采用钢结构搭设，顶部采用固定式拱形防雨棚，高度应满足加工设备操作空间（一般不小于 7 m），并设置避雷及防风的措施。钢筋、钢绞线等钢材应按不同钢种、等级、牌号、规格及生产厂家分类存放在防雨棚内，并挂牌标识。场内排水宜按照中间高四周低的原则预设不小于 1.5% 的排水坡度，四周宜设置

砖砌排水沟,并采用 M7.5 砂浆抹面。地面应做硬化处理,并垫高不小于 30 cm,严禁与潮湿地面接触,不得与酸、盐、油类等物堆放一起。

钢筋场内需设置不小于 3 m×12 m 的废料堆放区,加工过程中产生的钢筋废料统一堆放处理。

5.6 预制梁场

预制梁场设置 K4+827 立交区处在宜采用封闭式管理。场地内应按办公区、生活区、构件加工区、制梁区和存梁区、废料处理区等科学合理设置,功能明确,标识清晰。各项目预制场地应统筹设置,建设规模和设备配备应与预制梁板的数量和生产工期相适应,应不低于表 5-5 的规定。

表 5-5 预制场规模和相关设备配备表

内 容	要 求
钢筋棚	至少 1 座
台座数量	应与预制时间、数量相匹配
吊装设备	满足起吊吨位需要,至少 2 台
模板数量	按照台座数量的 1/(4~6) 匹配
自动喷淋养生设施	每片梁板设喷管不得少于 3 条(顶部 1 条,侧面各 1 条);喷管长为梁体+1 m,喷头间距 0.5 m
必备的施工辅助设施	横隔板钢筋定位架、钢筋骨架定位架、横隔板底模支撑架
其他施工设备	满足施工需要

场内应做硬化处理,主要运输道路应采用不小于 20 cm 厚的 C20 混凝土硬化,基础不好的道路应增设碎石掺石屑垫层。场内不允许积水,四周设置砖砌排水沟,并采用 M7.5 砂浆抹面。

预制梁场应尽量按照"工厂化、集约化、专业化"的要求规划、建设,每个预制梁场预制的梁板数量不宜少于 300 片。

5.7 施工材料存放

在 K3+063 中桥左侧岸处设置原材料存放场。用于实体工程的砂石料应分不同粒径、不同品种分仓库存放,不得混堆或交叉堆放。料场应采用不小于 30 cm 厚的混凝土墙体等构造物(高度一般不小于 2.5 m)隔开,场内地面应设坡度,确保不积水。

砂石料应按规定进行材料的质量检验状态标识,标识包括材料名称、产地、规格、数量、进料时间、检验状态、试验报告号、检验批次等。

5.8 取土场、弃土场设置

本合同段的取土场、弃土场的位置及数量如表 5-6 所示。

表 5-6 本合同段取土场、弃土场一览表

编号	上路桩号	取弃起讫桩号	位置	上路距离/m	取土/m³	弃土/m³	弃石/m³	运距/km
JK1	K6+680		左	9 300				
		K0+000～K0+125			24 242			15.903
		K0+130～K0+154.5			9			15.838
		K0+217.9～K0+398			4 060			15.673
		K0+620～K0+860			17 298			15.219
		K0+900～K1+754			178 272			14.597
		K2+200～K2+504.5			1 182 188			13.569
QK1	K2+500		右	900				
		K0+000～K0+049				1 234		4.177
		K0+102～K0+240				15 223	213	49.872
		K0+340～K0+560				32 654	13 995	136.390

弃土应在指定的地点堆放，不得随意倾倒，应按设计要求进行整平、分层填筑，并待沉降稳定后，及时进行排水、防护和绿化施工，防止次生灾害的发生。

5.9 施工平面图

本合同段的施工平面图的具体布置详见附图 1。

第六章 施工进度计划

6.1 总体工期目标

本合同段的合同工期为 24.5 月。根据我公司的精心组织、合理安排，计划完成的工期为 24 个月。比合同工期提前 0.5 月完成。拟计划开工时间为 2016 年 1 月 1 日，竣工时间为 2018 年 12 月 31 日。

6.2 分项工程总进度计划

本合同段的分项工程的计划如下：

（1）施工准备期：2016 年 1 月 1 日—2 月 17 日，共计 48 天。
（2）路基土石方：2016 年 2 月 18 日—2017 年 5 月 31 日，共计 467 天。
（3）涵洞、通道：2016 年 4 月 1 日—2017 年 2 月 28 日，共计 304 天。
（4）防护及排水：2016 年 7 月 1 日—2017 年 7 月 31 日，共计 396 天。
（5）桥梁工程：2016 年 2 月 18 日—2017 年 11 月 10 日，共计 621 天。
（6）其他工程：2017 年 11 月 10 日—2017 年 12 月 10 日，共计 30 天。
（7）初验准备：2017 年 12 月 20 日—2017 年 12 月 31 日，共计 11 天。

6.3 施工组织进度图

本合同段的施工组织进度图见附图 2 所示。

第七章 主要工程、重难点工程的施工方案、方法及施工要点

本合同段的主要工程路基土石方、排水、防护、涵洞、桥梁工程。通过分析可知桥梁工程为本合同段的重难点工程项目。各分项工程的施工方案及施工要点如下：

7.1　各分项工程的施工方案

（1）路基工程

路基土石方工程中的土质路堑施工以机械为主，采用台阶纵挖。石质路堑采用浅孔或光面爆破，预留适当厚度的光爆层，土石方调运采用推土机、装载机、挖掘机配合自卸车运输。路基填筑采用推土机粗平，平地机精平，振动压路机碾压。石方路基填筑采用羊足碾和振动压路机碾压。桥涵台背采用透水性材料薄层填筑，靠近台背部分采用蛙式打夯机压实，其余部分用压路机碾压。路基防护及排水工程首先安排施工坡顶截水沟；路堑开挖成型一段，施作一段防排水

特殊路基处理、深挖路堑靠前安排，路基附属工程与路基填、挖在步骤上相协调，有机结合并相互创造条件。路堤下挡先于路基填筑施工，路堑边坡防护待挖方完成一段，紧跟成型一段。路堤护坡待路堤填完整修一段，及时施工一段。路堑开挖前先施工截水沟，路堤完成后立即安排边沟、排水沟施工。

（2）桥梁工程

本合同段主线有大中桥2座，由两个桥梁施工队担责施工。在施工过程中按先基础后下部再上部的顺序组织桥梁工程的施工顺序，台身、墩柱采用整体（组合）钢模板，低墩一次浇筑完成。高墩可分节施工，但下一循环施工时，应对混凝土接触面进行处理。

7.2　各分项工程的施工方法

（1）路基工程

路基工程划分为4个施工段。在工程上采用专业化、多工作面平行流水作业，均衡施工。土石方施工采用大型机械化作业。预制梁场段挖方路基优先开工，其余地段适时展开，特殊路基处理地段优先安排，深挖及高填地段集中力量突击。路基防护、排水工程与路基成型平行流水作业，并紧随路基尽早完成。施工中做好施工期间的交通组织工作，合理安排各段前后工序。

路基填筑按照"先试验后填筑，边填筑边检测"的原则分层进行施工。施工前，先施工试验段，确定施工控制参数，后正式施工。路基填方按照"三阶段、四区段、八流程"的施工程序组织施工，分层填筑碾压。

路堑采用"横向分层、纵向分段、两端同步、阶梯掘进"。土方开挖采用机械施工为主，施工时分段进行，每段自上而下分层开挖，并及时用挖掘机配合人工整刷边坡，土方按设计调配采用挖掘机挖装，自卸汽车运至路堤填方地段，废弃的土方均集中运至弃土场堆弃。施工时注意兼顾环境保护和水土保持。

石方开挖采用机械打眼松动爆破配合挖掘机械的方法施工，靠近边坡2~3米部分采用光面爆破施工，土方开挖直接采用挖掘机开挖，采用重型自卸汽车进行运输。

（说明：此处以举例为主，其他的分项工程的论述内容略。）

7.3 路基工程施工方法

1. 填方路堤的施工

本合同段路基填筑的施工流程图如图 7-1 所示。

（备注：此论述的内容主要根据交通运输部公路局《高速公路施工标准化技术指南》（第二分册 路基工程）中"填方路基的施工流程"。）

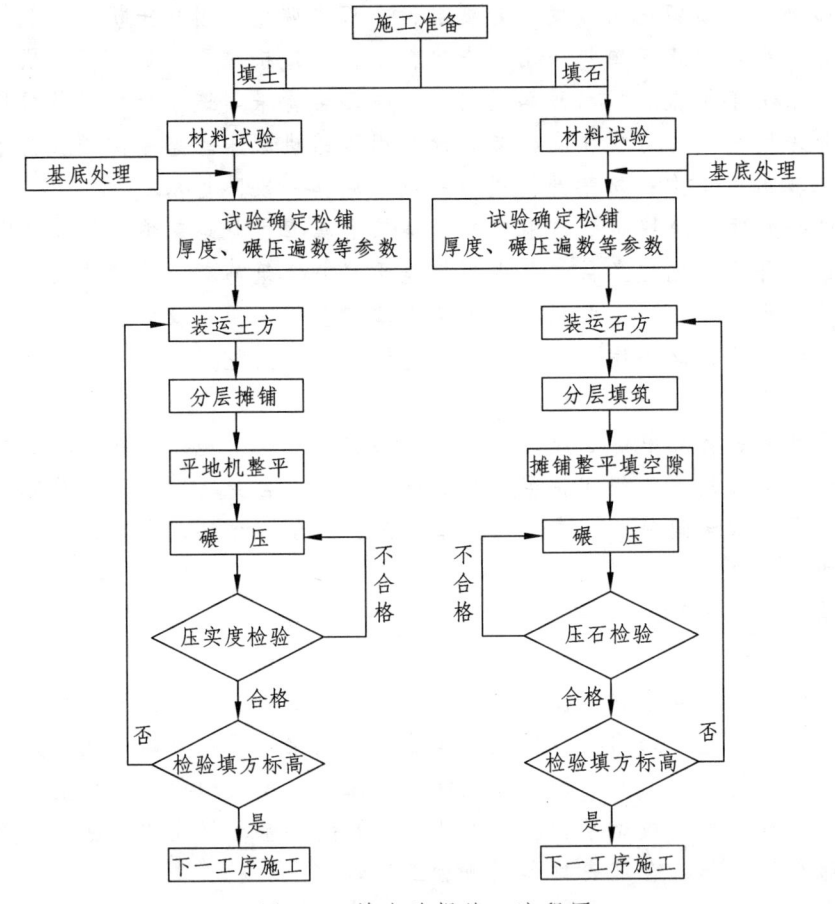

图 7-1 填方路堤施工流程图

1）施工准备及测量的施工要点

（备注：此处的论述内容主要是根据施工流程图中的内容，结合施工规范中相关的要求，针对工程的具体情况进行论述）

① 路基开工前，应在全面理解设计要求和设计交底的基础上，进行现场调查和核对。

② 在详尽的现场调查后，应根据设计要求、合同、现场情况等，编制实施性施工组织设计，并按管理规定报批。

③ 路基开工前必须建立健全质量、环保、安全管理体系和质量检测体系，并对

各类施工人员进行岗位培训和技术、安全交底。

④ 路基施工前,应对原地面进行复测,核对或补充横断面,发现问题时,应进行处理。施工测量过程中,平面位置拟按三等导线测量、高程按三等几何水准测量来控制施工测量精度,确保全桥各部位中心线准确、标高及线型正确、结构尺寸在容许误差范围内,各项指标均符合设计及规范要求。

⑤ 路基施工前,应设置标识桩,对路基用地界、路堤坡脚、路堑坡顶、取土坑、弃土堆等的具体位置标识清楚。

⑥ 对深挖高填路段,每挖填 3~5 m 或者一个边坡平台(碎落台)应复测中线和横断面。

⑦ 由于本合同段是高速公路所以测量过程中标高控制桩间距不宜大于 200 m。

⑧ 施工过程中,应保护好所有控制桩点,并及时恢复被破坏的桩点。

⑨ 每项测量成果必须进行复核,原始记录应存档。

2)填土的施工要点

(1)试验、试验路段的施工要点

① 路基施工前,应按照有关规定和要求,建立试验室。

② 路基施工前,应对路基基底土进行相关试验。每公里至少取 2 个点;土质变化大时,视具体情况增加取样点数。

③ 应及时对来源不同、性质不同的拟作为路堤填料的材料进行复查和取样试验。土的试验项目包括天然含水量、液限、塑限、标准击实试验、CBR 试验等,必要时应做颗粒分析、比重、有机质含量、易溶盐含量、冻胀和膨胀量等试验。

④ 使用特殊材料作为填料时,应按相关标准作相应试验,必要时还应进行环境影响评估,经批准后方可使用。

⑤ 对于填石路堤、土石路堤、特殊地段路堤、特殊填料路堤应选择合适的路段进行试验路段的施工。试验路段应选择在地质条件、断面型式等工程特点具有代表性的地段,路段长度不宜小于 100 m。

(2)填料的一般要求

① 含草皮、生活垃圾、树根、腐殖质的土严禁作为填料。

② 泥炭、淤泥、冻土、强膨胀土、有机质土及易溶盐超过允许含量的土,不得直接用于填筑路基;确需使用时,必须采取技术措施进行处理,经检验满足设计要求后方可使用。

③ 液限大于 50%、塑性指数大于 26、含水量不适宜直接压实的细粒土,不得直接作为路堤填料;需要使用时,必须采取技术措施进行处理,经检验满足设计要求后方可使用。

④ 粉质土不宜直接填筑于路床,不得直接填筑于冰冻地区的路床及浸水部分的路堤。

填料强度和粒径,应符合表 7-1 的要求。

表 7-1　路填料最小强度和最大粒径要求

填筑应用部位 （路床顶面以下深度）/m		填料最小强度（CBR）/% 高速公路	填料最大粒径 /mm
路堤	上路床（0~0.3）	8	100
	下路床（0.3~0.8）	5	100
	上路堤（0.8~1.5）	4	150
	下路堤（1.5）	3	150
零填及 挖方路基	0~0.3	8	100
	0.3~0.8	5	100

3）基底处理的施工要点

① 二级及二级以上公路路堤基底的压实度应不小于 90%。

② 原地面坑、洞、穴等，应在清除沉积物后，用合格填料分层回填分层压实，压实度符合规范的相关要求。

③ 泉眼或露头地下水，应按设计要求，采取有效导排措施后方可填筑路堤。

④ 地基为耕地、土质松散、水稻田、湖塘、软土、高液限土等时，应按设计要求进行处理，局部软弹的部分也应采取有效的处理措施。

⑤ 地下水位较高时，应按设计要求进行处理。

⑥ 陡坡地段、土石混合地基、填挖界面、高填方地基等都应按设计要求进行处理。

4）路基分层填筑的施工要点

① 性质不同的填料，应水平分层、分段填筑，分层压实。同一水平层路基的全宽应采用同一种填料，不得混合填筑。每种填料的填筑层压实后的连续厚度不宜小于 500 mm。填筑路床顶最后一层时，压实后的厚度应不小于 100 mm。

② 对潮湿或冻融敏感性小的填料应填筑在路基上层。强度较小的填料应填筑在下层。在有地下水的路段或临水路基范围内，宜填筑透水性好的填料。

③ 在透水性不好的压实层上填筑透水性较好的填料前，应在其表面设 2%~4% 的双向横坡，并采取相应的防水措施。不得在由透水性较好的填料所填筑的路堤边坡上覆盖透水性不好的填料。

④ 每种填料的松铺厚度应通过试验确定。

⑤ 每一填筑层压实后的宽度不得小于设计宽度。

⑥ 路堤填筑时，应从最低处起分层填筑，逐层压实；当原地面纵坡大于 12% 或横坡陡于 1∶5 时，应按设计要求挖台阶，或设置坡度向内并大于 4%、宽度大于 2 m 的台阶。

⑦ 填方分几个作业段施工时，接头部位如不能交替填筑，则先填路段，应按 1∶1 坡度分层留台阶；如能交替填筑，则应分层相互交替搭接，搭接长度不小于 2 m。

⑧ 选择施工机械，应考虑工程特点、土石种类及数量、地形、填挖高度、运距、气候条件、工期等因素，经济合理地确定。填方压实应配备专用碾压机具。

⑨ 土质路基压实度应符合表 7-2 的规定。

表 7-2　土质路基压实度标准

填挖类型		路床顶面以下深度/m	压实度/%
			高速公路
路堤	上路床	0~0.30	≥96
	下路床	0.30~0.80	≥96
	上路堤	0.80~1.50	≥94
	下路堤	>1.50	≥93
零填及挖方路基		0~0.30	≥96
		0.30~0.80	≥96

5）压实度的检测

① 用灌砂法、灌水（水袋）法检测压实度时，取土样的底面位置为每一压实层底部；用环刀法试验时，环刀中部处于压实层厚的 1/2 深度；用核子仪试验时，应根据其类型，按说明书要求办理。

② 施工过程中，每一压实层均应检验压实度，检测频率为每 1 000 m² 至少检验 2 点，不足 1 000 m² 时检验 2 点，必要时可根据需要增加检验点。

6）路堤填筑至设计标高并整修完成后，其施工质量应符合表 7-3 的规定

表 7-3　土质路堤施工质量标准

序号	检查项目	允许偏差	检查方法或频率
		高速公路、一级公路	
1	路基压实度	符合规定	施工记录
2	弯沉	不大于设计值	—
3	纵断高程/mm	+10，-15	每 200 m 测 4 断面
4	中线偏位/mm	50	每 200 m 测 4 点 弯道加 HY、YH 两点
5	宽度	不小于设计值	每 200 m 测 4 处
6	平整度/mm	15	3 m 直尺：每 200 m 测 2 处×10 尺
7	横坡/%	±0.3	每 200 m 测 4 个断面
8	边坡坡度	不陡于设计坡度	每 200 m 抽查 4 处

（由于其他分项的论述过程与上述相同，考虑到教材篇幅的原因，此处就不在其他分项的施工方法略。）

第八章 工期保证体系和措施

在编写工期、质量、安全、环保、应急预案时，应从体系、体系中的组织、制度保证措施和技术保证措施三个方面进行系统的论述。

8.1 工期保证体系

根据本公司的技术安排，为确保工程项目按质、按期完成，建立健全工期保证体系，从组织、制度、技术和劳材机诸方面保证工程按施工进度计划实施。具体的工期保证体系如图8-1所示。

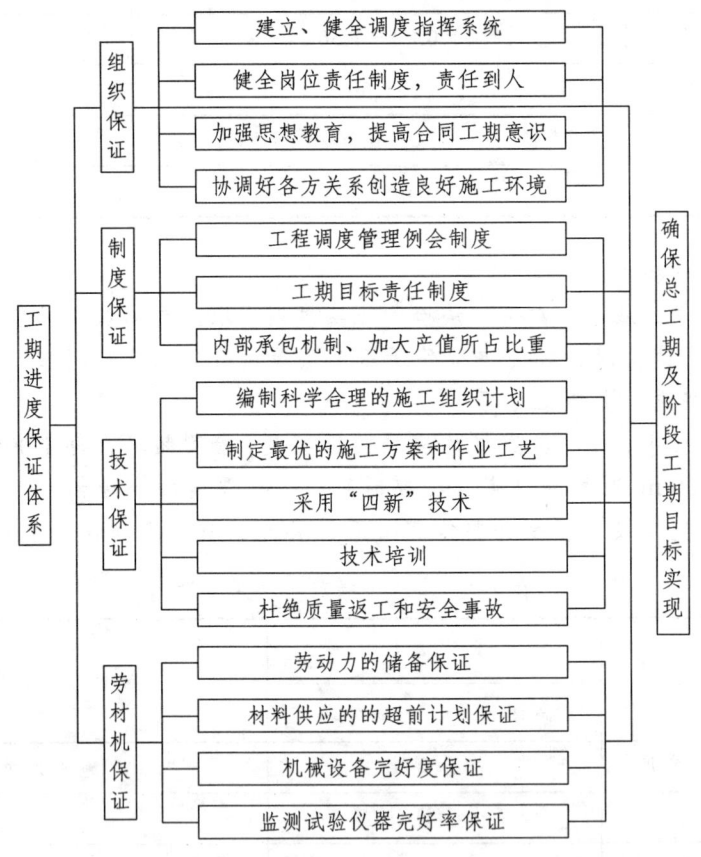

图8-1 本合同段工期保证体系图

8.2 工期保证的组织措施

1. 健全工期指挥组织机构

成立以项目经理为组长的工期保证领导小组，加强对施工进度控制管理的领导，项目经理部、施工队各级领导层层负责，分片包干，健全岗位责任制。项目经理部设调度室，建立以调度室为中心的施工调度指挥系统，全面系统地进行施工进度的统筹安排、协调和控制，确保工程施工按进度计划实施。

2. 优化施工工期保证方案

制订详尽的施工工期保证方案,运用统筹学原理和网络计划技术合理安排各分项工程施工工序,采取分区段、多作业面平行流水作业、交叉作业,完善工期控制的组织、管理和各种工程进度监控措施,确保形象进度、关键线路均得到有效的控制。

3. 加强现场进度管理

加强全员思想教育和技术培训,提高合同工期意识和施工操作水平,采取有效激励措施,开展劳动竞赛,阶段性地掀起大干高潮。合理调配资源,加强现场材料和机械保障工作,杜绝停工待料或设备故障贻误工期,不断提高劳动生产率和施工效率。强化施工现场质量管理工作,杜绝工程质量事故,避免因工程质量不符合要求而导致返工影响进度。

4. 交叉施工作业措施

(1)加强与其他标段施工单位、各专业施工队之间的工作联系,取得理解和支持,加强各单位间的协作配合,尽全力为其他标段提供施工方便,避免施工交叉干扰,对不可预见的影响因素提前采取预防措施。

(2)交叉施工方案的编制要科学合理,特别是涉及其他标段和单位配合的项目需按程序上报业主,由业主统一协调,各单位同意方可确定。

(3)协调工作由调度室统一指挥,专人负责联络,相关文件、相关电话、会议做好记录。

8.3 保证工期的技术措施

(1)精心安排,强化管理,在深入调查、吃透设计意图的基础上,编制实施性施工组织设计,分级负责,认真实施,并在实践中不断优化,施组的实现关键在于强化管理,要高起点、高质量、严要求。

(2)施工准备期抓"两短一快"即进场时间短、准备时间短、尽快形成生产能力。施工过程中狠抓施工的程序化、标准化作业,通过合理的组织与正确的施工方法,尽快形成生产能力,提高施工进度。

(3)认真做好工程的统筹、网络计划工作,科学组织、合理安排、均衡生产。对工程进行动态控制。牢牢抓住关键工序的管理与施工,合理安排施工时间,控制循环作业时间,减少工序搭接时间,提高施工效率。优化施工方案,加快施工进度。

(4)成立专门的机械维修班组,加强对机械的保养维护,保证施工机械的正常运转。

(5)注重依靠科学和技术进步。采用新技术,在关键工序采用施工效率高的机械。对影响施工进度和质量施工技术难题,开展QC小组活动,组织攻关,充分听取各方面的合理化建议,提高施工进度。

(6)全面提高人员整体素质。加强技术培训,提高施工人员的操作技术熟练程度,所有参建员工必须经技术培训后方可上岗。

(7)在雨季或遇到雷电、大风、大雾等恶劣气候条件时,采取措施(调整分项工程施工计划等)将天气条件对工期的影响减小到最小。工期安排考虑雨季的影响时间。

(8)制定翔实可行的工期调整及追赶措施,在遇到重大设计变更、自然灾害或其他一些原因影响了施工进度计划时,采取积极有效的追赶工期措施,确保总工期目标的最终实现。

第九章 质量管理体系及保证措施

确保本合同段工程交工验收的质量评定：工程一次交验合格率达到100%，优良率达95%以上；特制定以下的质量管理体系及相应的保证措施。

9.1 质量管理体系

本合同段的质量保证体系图如图9-1所示。

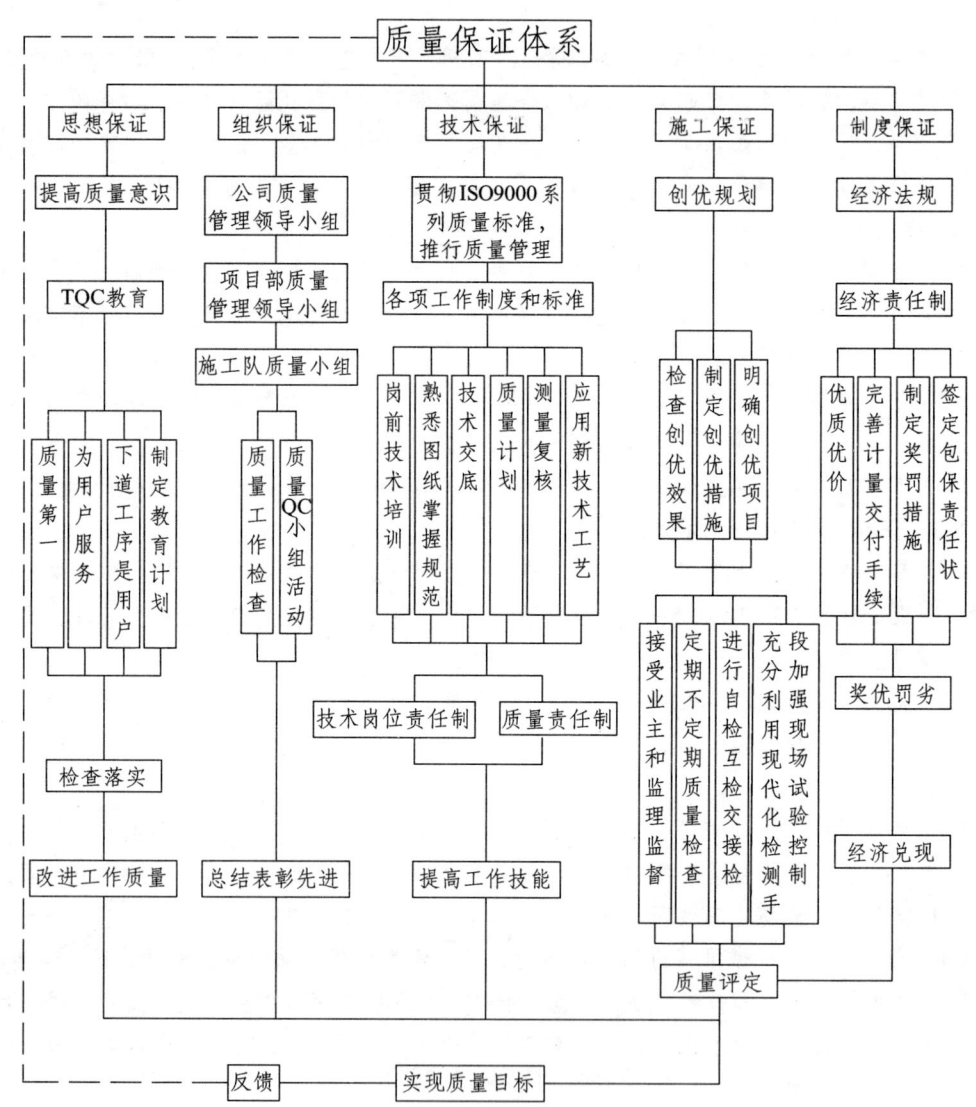

图9-1 质量保证体系图

9.2 组织保证措施

（1）以工程项目经理部为管理核心，加强施工技术管理。建立以项目经理领导下的技术负责人负责的责任制度，严格执行以总工程师为首的技术责任制，使施工管理标准化、规范化、程序化。

（2）严格执行工程监理制度，隐蔽工程的质量验收必须经监理工程师签认后方能隐蔽。

（3）项目经理部设专职质检工程师、工程队设兼职质检员，保证施工作业始终在质检人员的严格监督下进行。

（4）建立质量奖罚制度，明确奖罚标准，做到奖罚分明，杜绝质量事故发生。

（5）严格施工纪律，把好工序质量关，上道工序不合格不能进行下道工序的施工，否则质量问题由下道工序的班组负责。

（6）制定工程创优规划，明确工程创优目标，层层落实创优措施，责任到人。

（7）坚持三级测量复核制，各测量桩点要认真保护，施工中可能损毁的重要桩点要设置保护桩，施工测量放线要反复校核。

（8）所有工程材料应事先进行检查，严格把好原材料进场关，不合格材料不准验收，保证使用的材料全部符合工程质量的要求。

9.3 制度保证措施

（1）按照有关规范和技术标准，结合本单位实际情况，编制工程质量计划，建立工程质量管理程序。

（2）建立并实施质量保证记录系统，每月一次向业主提交质量趋势分析报告。

（3）建立不合格产品质量控制程序，及时将不合格项报告及建议处置方案和有关技术处理方案报业主及其代表审查认可，并接受业主及监理对纠正行动的验证。

（4）对构成工程主体的材料、半成品供货商进行资格评价并将评价报告报业主审查认可，必要时业主可参加资格评价工作或委派监理公司参加资格评价工作。

（5）推行全面质量管理的科学管理方法，抓好关键部位、首件工程制度、关键工序的质量关，严格执行"三级质量检查"制度。

（6）建立质量评定制度，定期对施工质量进行评定，树立样板工程，及时反馈工程质量信息，把评定结果作为制定项目施工计划的依据之一。

（7）建立图纸会审制度，避免技术事故与质量事故。

（8）建立技术交底制度，技术管理体系的正常运行，技术管理工作有效。

9.4 主要分项工程施工质量保证措施

按照质量控制的基本程序和内容，依据合同条款、图纸和规范的规定，对质量进行分项控制。可分为路基土石方、路基防护及排水、大中桥、测量控制、原材料质量控制与选购、试验和检验控制。（备注：此处的论述内容主要是根据《公路工程质量评定检验标准》，根据工程的具体分项内容进行论述。）

路基土石方：质量控制重点主要是层厚、机械的碾压遍数、压实度、含水量、平整度等这些是影响路基工程质量的关键指标。另外，高程、中级偏位、宽度、横坡和边坡也是控制的重点。完工时，路基表面应平整，边线直顺，曲线圆滑。路基边坡应平顺、稳定，不得坡坡，曲线圆滑。取土坑、弃土堆的位置适当，外形整齐、美观，防止水土流失。

路基防护及排水：防水与排水工程必须与主体工程相结合施工，在确保主体工程安全稳定的前提下，防水与排水工程必须遵循及时有效、排水通畅、质量可靠、美观大方的原则施工。丁顺的排列和勾缝、泄水孔的设置的控制是质量控制重点。砂浆采用搅拌机现场拌和，拌和时间要满足规范要求，砂浆随拌随用。施工放线准确，挂线牢靠，勾缝饱满。浆砌片（块）石的砌块之间要砂浆饱满，相互咬合，砌块安装在砂浆床面后不得再撬动，如必须移动时，应向上提起再安放妥当，防止松动邻近砌块。

桥梁工程：桥梁工程是本合同段的重难点工程。所以在施工时施工管理人员和技术人员必须首先检查保证连续的各项施工措施是否可靠、齐全，如电力供应、水源情况、原材料供应、机具供应等。要进行定位准确、细致地测量，确保精准的桥位，并埋设必要的护桩，设置必要的水准基点，施工期间定期进行中线及水平测量，确保桥位、中线、跨度及各部位标高准确，桥梁线形顺畅。基础坑工施工前，对基底的水文地质情况做自检核对，确认地基承载力符合设计要求；墩台模板采用大块钢模。模板支立牢固稳定；模板接缝紧密平顺，保证不跑模，不漏浆；灌注桩施工时，首先要保证施工的连续性、保证混凝土灌注量及灌注时间。

测量控制：为保证工程测量的准确性，确保工程放样精度符合要求，由专业测量工程技术人员主持测量工作，并配备性能优良的全站仪、经纬仪及水准仪；测量仪器在使用前，需经技术监督部门鉴定合格。具体工作控制如下：

（1）进场后，立即对设计院提供的平面控制点和水准点进行复测、计算，检查其精确度和实用性。

（2）如果发现设计院提供的平面控制点或水准点有误差，立即上报监理工程师共同磋商解决。

（3）确认各桩点的可靠性后，立即进行路线贯通测量和各主要建筑物控制网点布设，并埋设护桩，对各类桩点应有明显标志并具有保护措施。

（4）施工时作好测量记录并坚持复核制，每次参与测量和复核的人员应在记录上签字备案。

原材料质量控制的具体内容如下：

（1）强化管理，组织和协调好料源及运输设备，并指派专人到料场指挥调度，保证材料的运输畅通。

（2）搞好沿线居民关系，确保材料供应。

（3）配备优秀的管理人员、质检人员，对进场材料和设备的质量严格把关。

（4）各材料供应点要安排专职材料员，负责掌握各种材料的贮存数量、供应能力，每月以书面形式报项目部，使整个材料供应处于受控状态，防止出现问题，影响工程进度。

（5）试验部门应按技术规范要求，按批次抽检各种材料，一旦发现材料不合格，及时通知项目部停止材料采购，并查明原因进行整改后，再安排合格材料进场。

（6）砂、石子等外购材料，首先进行采购控制，然后进行进场后的书面及外观检验，（主要检查材料质量保证资料或合格证，以及材料的品种、规格、标志、外形、尺寸等）；再由试验室按有关要求进行取样检验，合格后报监理批准

（7）材料选购：先与供货商签订供应合同，包括供货数量、质量、价格、供应计划等。材料的验货、收货，由项目部材料员、质检员先进行外观、数量等检验，在取得质保单、合格证等资料后，进行取样抽检。检验工作由工地试验室负责完成（在工地试验室的资质批复

以前，委托具有合格资质的单位进行）。检验频率及材料的验收质量按照设计和施工规范的要求来进行。

试验和检验控制：

（1）试验控制

针对本工程项目特点和实际情况，项目部设立试验室，具体管理和实施试验控制。认证项目的试验，由业主指定的试验单位试验。

试验项目可邀请监理进行旁站取样、试验。对于使用不合格材料的工序，严格进行返工。做好工程试验和检验设备的检测和鉴定工作，重要设备，必须经温州市技术监督局进行认证，一般检测设备，按有关检测程序进行鉴定和检验。

（2）检验控制

工序检验执行工班自检、施工队自检和项目部专职检验的三级检验制度。施工过程中，积极主动配合业主、监理单位、质监部门的质量监督工作，虚心接受质量监督，对各部门提出的质量问题和改进要求，立即无条件地执行。

9.5 质量问题的事前、事中、事后控制的处理措施

1. 事前对质量承诺

开工前28天，编报切实可行的施工组织设计，建设单位批准后，方可施工。

在施工过程中，实行"安全质量事故处罚制""质量否决制""标准实验室制""重要岗位易人审批制"和"全线总监制"等多项管理规定。

严格遵照执行建设单位另行颁布的具体规定。

2. 事中尊重业主和支持监理工程师的工作

无条件服从监督，并为监理工程师提供必要的检测设备和数据，经常征询其意见，听取其建议，对业主和监理工程师指出的质量问题立即改正。

3. 事后质量事故报告制度

建立工程质量事故逐级报告制度，各级事故在规定时间内上报单位安全质量监察部和建设单位、监理工程师，重大事故逐级上报地方有关部门。

报告内容包括：事故发生的时间、地点、工程项目；事故发生的简要经过、损失情况；发生事故原因的初步分析；采取的应急措施及事故控制情况；处理方案及工作计划；事故报告单位。

第十章 安全生产管理体系及保证措施

为保证在施工过程中的安全目标：无重伤以上责任事故；轻伤控制在3‰以内；无火灾事故；无重大机械设备责任事故；无较大交通事故。全工程建设期无重、特大安全事故。特制定以下的安全体系和保证措施。

10.1 安全管理体系

本合同段的安全管理体系如图10-1所示。

10.2 安全管理的组织和制度措施

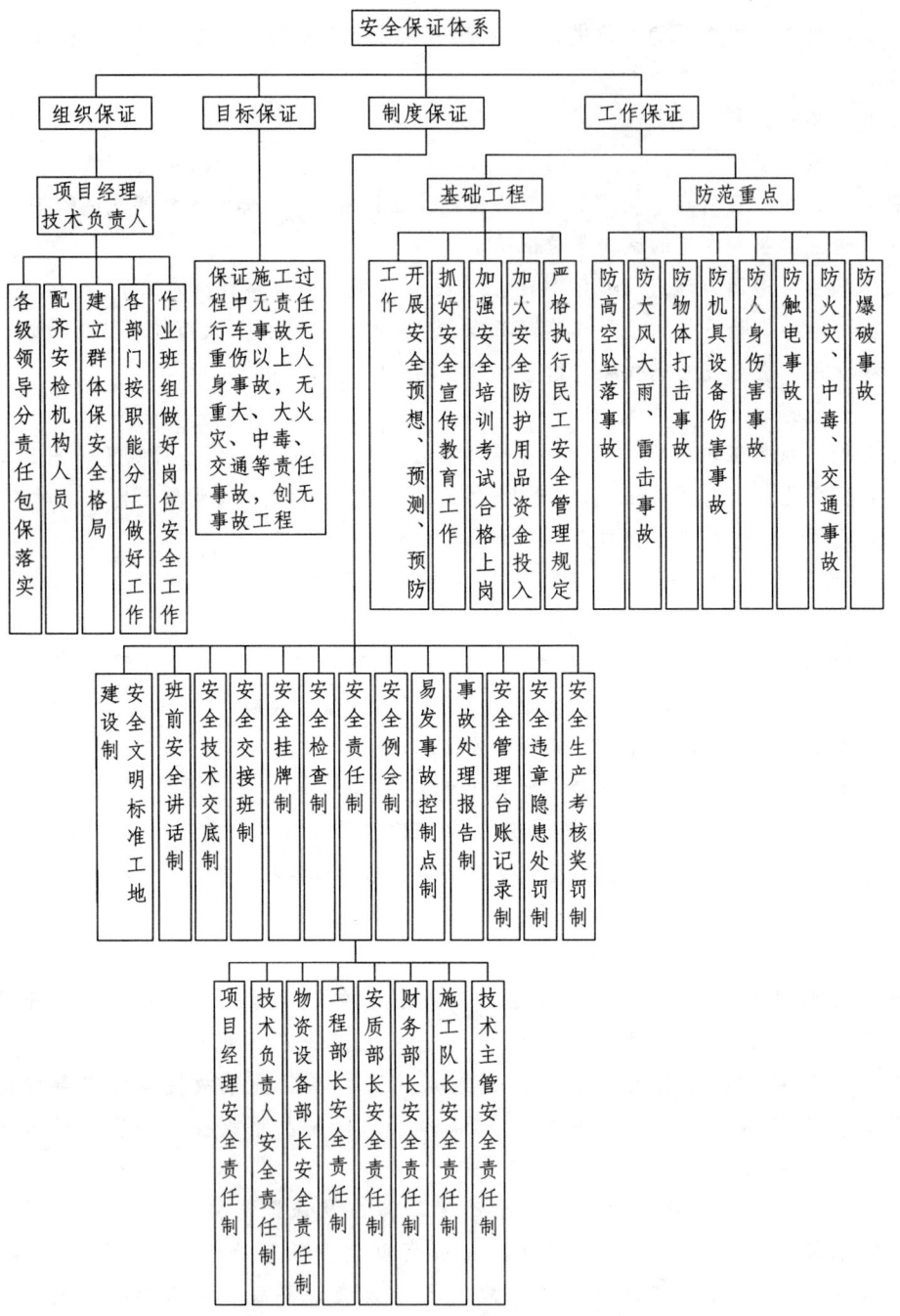

图 10-1 本合同段安全管理体系图

贯彻国家有关安全生产和劳动保护方面的法律、法规，定期不定期地召开安全生产会议，研究项目安全生产工作，发现问题及时处理解决；贯彻"安全第一，预防为主"的方针，建立及健全安全保证体系。在明确项目经理对安全负全责的前提下，按"管生产必须管安全"和"谁主管谁负责"的原则。逐级签订安全承包合同，使各级明确自己的安全目标，制定好各自的安全规划，达到全员参加，全面管理的目的，充分体现"安全生产、人人有责"。

工程拟成立以项目经理为组长的安全生产领导小组，全面负责并领导本项目的安全生产工作。项目总工程师为副组长，组员由项目各职能部室负责人及施工队长组成的安全领导小组。项目部设专职安全工程师，负责本段项目的安全监察、保障和管理工作，施工队设专职安全员，工班设兼职安全员。组织管理体系如图 10-2 所示。

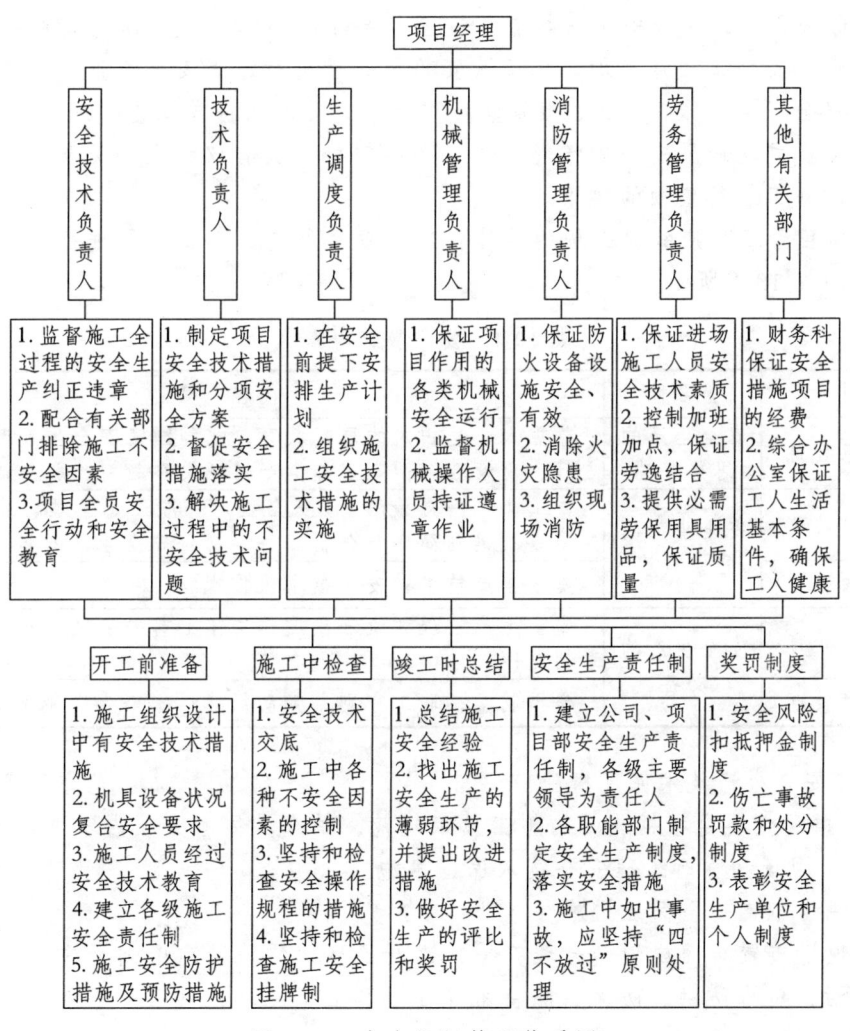

图 10-2 安全组织管理体系图

本项目实行安全生产三级管理，即一级管理由项目经理负责，项目经理是施工项目安全管理第一责任人，二级管理由项目部专职安全员负责，三级管理由施工作业队班组长负责。按照颁布的《安全生产责任制》的要求，落实各级管理人员和操作人员的安全生产负责制，全员承担安全生产责任，做到纵向到底，横向到边，一环不漏，人人做好本岗位的安全工作。

建立严格的安全生产责任制。明确规定各职能部门，各级人员在安全管理工作中所承担的职责、任务和权限。使安全工作形成一个"人人讲安全、事事为安全、时时想安全、处处要安全"的氛围，并建立一套以安全生产责任制为主要内容的考核奖惩办法和安全否决权评比管理制度。

建立安全教育制度、安全包保责任制度、施工申报审批制度、技术交底制度、持证上岗制度、安全检查制度、火工品领用、发放和使用制度、安全事故申报制度等。

项目部每月组织一次安全大检查，安全领导小组参加，施工队每旬组织一次安全例行检查，安全工程师参加，施工队安检员每天进行施工安全检查。安全保障部负责建立安全工作台账，大、小检查均详细记录，提出保持或改进措施、整改期限，并负责落实。发现违反安全操作规程时，各级安检人员有权制止，必要时向主管领导提出暂停施工进行整顿的建议。

在本项目开工，应针对工程的具体情况对项目所有的施工人员进行安全教育，具体内容如表10-1所示。

表 10-1　安全教育内容

类别	重要性	内容
安全思想教育	安全生产的思想基础	尊重人、爱护人的思想教育；党和国家安全生产劳动保护方针、政策教育；安全与生产辩证关系教育；职业道德教育
安全知识教育	安全生产的重点内容	施工生产一般流程；安全生产一般注意事项；企业内外典型事故案例简介与分析工种、岗位安全生产知识
安全技术教育		安全生产技术；安全技术操作规程
安全法制教育	安全生产的必备	安全生产法规和责任制度；法律上有关条文；安全生产规章制度；
安全纪律教育		公司制度；职工守则；劳动纪律；安全生产奖惩制度

10.3　安全生产技术保证措施

（技术措施主要是根据相关的施工技术规范，结合具体的分项内容进行论述。）

1. 施工现场和临时工程安全技术保证措施

（1）现场布置安全保证措施

施工现场布置全面规划，合理安排，避开不良地质地段，以利于施工生产，方便职工生活，符合防洪、防火、防雷击等安全和卫生要求，具备安全生产、文明施工的条件。

施工现场设置醒目的安全警示标志。房屋内设置通风口，保证室内通风良好。

施工现场防火、防大风、防大雨、防雷击等安全设施完备、有效，不得擅自拆除或移动，且定期检查，如有损坏，及时修理。

现场所有建（构）筑物、大型机械设备均加设避雷装置。

施工现场内各种材料分类码放整齐稳固，废旧物品及时清理，以保持现场的整洁有序。

易燃易爆品仓库、配电所等采取必要的安全防护措施，严禁用易燃材料修建。工地的临时油库远离生活区 500 m 以外，并外设围栏。

现场的配电所外设围栏，确保安全。

施工现场按标准设置临时围栏和门卫，做好防盗、防火、防破坏工作；施工现场、危险作业部位设安全生产标志、宣传画、标语、警示牌等，随时提醒职工、行人和车辆注意安全。

生产、生活设施的现场布置要结合防汛考虑，并在汛期到来前，购置完全满足安全生产的设备和设施，做好各项防范措施。

施工用水的供水管道避开不良地质地段，保证供水安全。

所有干部职工严禁酒后作业，所有施工人员必须戴安全帽。

（2）施工现场防火安全保证措施

严格执行《消防法》和公安部关于建筑工地防火的基本措施。

现场划分用火作业区、易燃易爆材料区、生活区，按规定保持防火间距。

严格三级用火审批制度，严格落实"二证一器一监护"工作。

电焊、气焊等明火作业由专人看管。

工具房、料库，做到人走灯灭，下班拉闸断电，专人负责。

施工用电不得超载。

（3）临时用电安全技术措施

电工作业人员必须持证上岗，严禁无证操作；电工作业必须按规定使用劳动保护用品及绝缘工具，并定期检验。

凡国家标准规定了安全电压的各种手持电动工具额定电流应小于 60 A，人体可能偶尔触及的用电设备，必须安装漏电保护器，每班作业前必须检验一次；手持照明灯必须使用安全电压。

现场移动式电器设备必须使用橡胶皮绝缘电缆，横过通道必须穿管埋地敷设。

配电箱及开关箱必须防雨、设门并配锁，进、出线口必须设在箱体下底面，严禁设在箱体的上顶面、侧面、后面或箱门处，箱内严禁存放杂物，每月检查维修一次；保险丝的容量必须按用电负荷量装设，严禁用其他金属代替。

严禁将电线拴在铁扒钉、钢筋或其他导电金属物上，电线必须用绝缘体固定，配电导线必须保证与邻近线路或设施的安全间距；架空线路与邻近线路或设施的距离应符合规定。

（4）临时工程安全保证措施

修建施工便道时，对便道填方段边坡使用钢管架进行防护，并对施工区域内设置安全标识标牌。

修建临建工程时，一定要做好防洪防汛措施，设置好排水沟。

拌和站建设时，做好防雷措施。对水泥罐基础进行夯实，并设置揽风绳。

2. 各类安全生产技术保证措施

(1) 路基施工和边坡防护安全保证措施

工程开工前必须进行现场调查,根据施工地段的地形、地质、水文、气象、环境等,制定相应的安全技术和环境保护措施。施工中应及时掌握气温、雨雪、风暴、汛情等预报,做好防范工作。

路基施工前,应了解施工范围内地下埋设的各种管线、电缆、光缆等情况并与相关部门联系,制定合理的安全保护措施。施工中如发现有危险品及其他可疑物品时,应即停止施工,报请有关部门处理。

应按照国家有关规定配置消防设施和器材、设置消防安全标志。施工现场应设置醒目的安全、警示标志和安全防护设施。

施工现场的临时用电应严格执行现行《施工现场临时用电安全技术规范》。夜间施工时,现场应设有保证施工安全要求的照明设施。

施工便道、便桥应设立警示和交通标志,必要时应设专人维护、指挥交通。施工车辆必须遵守道路交通法规。

施工作业人员,必须遵守本工种的各项安全技术操作规程。作业人员、进入现场人员必须按规定佩戴和使用劳动防护用品。由人工配合机械进行辅助作业时,作业人员应注意观察,严禁在机械正在作业的范围内进行辅助作业。

多台机械同时作业时,各机械之间应注意保持必要的安全距离。机械在路基边坡、边沟、基坑边缘、不稳定体(地段)上作业时,应采取必要的安全措施。

在靠近结构物附近挖土时,必须采取安全防护措施。对于在路基范围内暂时不能迁移的结构物,应留出土台,土台周围应设警示标志。

结构物基坑开挖,应根据土质、水文和开挖深度等选择安全的边坡坡度或支撑防护,在施工过程中进行监测,并及时采取相应的处理措施。开挖弃土或坑边材料的堆放不得影响基坑的稳定。沟槽(基坑)开挖深度超过2米时,其边缘上面作业应按高处作业要求进行安全防护并设置警告标志。开挖沟槽(基坑)位于现场通道或居民区附近时,应设置安全护栏。

采用围堰法施工沿河路基防护基础时,应制定针对出现洪水、渗漏水、流砂、涌砂、围堰变形等情况的安全预案。

作业高度超过 1.2 m 时,应设置脚手架,脚手架应通过专业设计,必须进行强度、刚度及稳定性等方面的验算。施工过程中,对脚手架应经常检查,发现松动、变形或沉陷应及时加固。

用提升架运送石料时,应有专人指挥和操作,严禁超负荷运行。严禁使用提升架载人。临时起吊设备的制作、安装必须符合国家相关规定。

砌筑作业时,脚手架下不得有人操作及停留,不得重叠作业。砌筑护坡时,严禁在坡面上行走,不得采用从上到下自由滚落的方式运输材料。

喷浆作业时应密切注意压力表变化,出现异常时,应停机、断电、停风,并及时排除故障。作业区内严禁在喷浆嘴前方站人。

预应力张拉时，预应力张拉设备必须安装牢固，千斤顶近旁严禁站人，无关人员不得进入现场。

预制构件安装前，应根据现场条件制定详细的吊装方案，所有起重设备必须符合国家关于特种设备的安全管理规定。

拆除作业应制定安全可靠的拆除方案。拆除的废弃物应运到指定地点。

（2）桥涵施工安全保证措施

挖孔桩施工安全保证措施：① 经常检查起吊器具的安全性能，确保其一直处于正常的作业状态。② 孔口设置护栏，夜间设置照明和警戒标志。

墩台身施工安全保证措施：① 钢筋除锈时，除锈人员穿戴好防护用品；电动除锈机除锈时，设接零装置及漏电保护器，以防漏电，圆盘钢丝刷及传动部分要设置防护罩。② 钢筋调直时，施工场地内禁止非工作人员入内，两端设安全挡板或挡护墙，调直设备事先检查各部件是否安全可靠。③ 起吊预制钢筋网，做到稳起稳落，在安装就位并安装稳妥后脱钩；高空绑扎、吊装严格遵守高处作业安全技术要求。④ 混凝土浇注，减速漏斗的吊具、漏斗及串筒的挂钩和吊环均确保稳固可靠。⑤ 桥墩模板施工是高空作业，施工前对施工人员进行必要的安全教育，严格执行高空作业安全制度和规定施工时设置各种防护设施，保证人员人身安全。⑥ 施工前，施工场地设危险区，非工作人员禁止入内。墩上墩下有关人员均戴安全帽，无关人员严禁到墩上去，严禁从高空向下抛掷杂物。⑦ 电力及照明线路经常检查，防止发生漏电事故；遇大风、雷雨等恶劣天气而停工时，要切断电源，保护好各种设备。⑧ 模板安装时，分段分层自下而上进行。内外均安设稳固支撑；落地端加垫木，并设置防滑措施；每节模板立好后，上好连接器和上下两道箍筋，打内撑，保持稳定。⑨ 墩帽立模板前，搭设脚手架、铺设脚手板、装栏杆、扶梯。在脚手架与墩身的空隙间，挂安全网。工作时，工作人员系好安全带；施工平台上荷载放置均匀、对称，并不得超过其设计极限。墩帽两侧设置吊栏。拆除模板严格按规定程序进行，场地内设立禁区标志。拆除模板先拴牢吊具挂钩，再拆除模板。拆下的模板、材料、工具严禁往下扔。人工拉绳拆除模板时，确保拉绳有足够的长度，施工人员与拆下的模板之间，确保有足够得安全距离。

（3）模板安装与拆除作业安全措施

① 模板安装时，分段分层自下而上进行。内外均安设稳固支撑；落地端加垫木，并设置防滑措施；每节模板立好后，上好连接器和上下两道箍筋，打内撑，保持稳定。

② 墩帽立模板前，搭设脚手架、铺设脚手板、装栏杆、扶梯。在脚手架与墩身的空隙间，挂安全网。工作时，工作人员系好安全带；施工平台上荷载放置均匀、对称，并不得超过其设计极限。墩帽两侧设置吊栏。拆除模板严格按规定程序进行，场地内设立禁区标志。拆除模板先拴牢吊具挂钩，再拆除模板。拆下的模板、材料、工具严禁往下扔。人工拉绳拆除模板时，确保拉绳有足够的长度，施工人员与拆下的模板之间，确保有足够得安全距离。

③ 墩帽侧模为非承重模板，拆模应在砼强度达到 2.5 MPa 以上方可进行拆除侧模。侧模拆除采用吊车整片侧模拆除。

侧模拆除顺序为：拆除侧部支承系统；拆除每片模板间的连接型钢及零配件；挂上吊装绳扣，吊车略拉紧后拧下剩余对位螺栓；用方木均匀敲击模板，使其脱离砼。用撬棍轻外撬模板，使其全部脱离砼面，指挥起吊。运走清理，刷防锈油备用。

拆模注意事项：用撬棍时，为不伤砼棱角，可在撬棍下垫以木垫板。当拆除时，人员撤离模板，不得站在模板下操作，防止发生安全事故。拆除支架时，从跨中向支座依次拆除。支架必须一次拆除，如中途停止，必须将活动部分固定以免发生事故。卸下的模板、支架、钢楞及其他零配件随拆随运至指定地点及时清理。

（4）预制构件作业安全保证措施

① 构件运输车下坡时速度放慢，避免紧急刹车。通过转弯或险要路段时，降低车速，注意两侧行人和障碍物。② 构件装车时，要按拼装先后次序及块件重量大小形状搭配装车，并放置平稳，防止运输中滑移碰撞或偏载，同时在装卸车时，严格按设计吊点起吊。③ 运输构件的汽车和吊车均系大型重载车辆，对道路要求较高，必须确保工地道路状况良好，确保运输通畅，构件不被颠坏，安全运送到工点。构件运输时绑扎牢固，防止移动或倾倒。

（5）桥梁安全架设的安全保证措施

架设现场要严格实行统一指挥。在吊装过程中，除现场指挥人员外，任何人员都不得指挥操作。

参加架设的操作人员要有明确的分工，并建立岗位责任制。劳动分工要尽可能稳定，不要在操作前临时调换工种，以避免由于技术不熟练而发生意外事故。

吊装作业区严禁非工作人员进入，所有人员均不得在起吊和运行的吊物下站立。

对组装好的架桥机、龙门吊，在使用前必须进行满载试吊，运梁轨道和龙门轨道在使用前亦应进行试运行，满足要求后方可正式使用。

对各种吊装设备要定期进行检查和维修。

起吊运送时，门吊上所有多余的木板、铁件等均应全部清除，工具必须有专人保管，以防在吊运中落下伤人。

横移落梁时，梁的起落、横移与运送不得同时进行。在梁下落的过程中，要慢速平稳，不得发生急落和冲击现象。

遇下列情况应停止吊运安装作业：梁体构件未达到设计的吊装强度；吊装设备损坏，控制失灵；自然条件恶劣，大雨 6 级以上大风时；操作人员不全，影响工作进行；现场发生事故，尚未处理完毕。

（6）高空作业施工安全措施

高处作业的安全技术措施以及所需的材料、料具必须列入该项目工程的施工组织设计。工程负责人应对工程项目的安全技术负责并建立相应的责任制；施工前，应逐级进行安全技术教育及交底。并落实所有的安全技术和劳动保护用品。

熟悉掌握本工种专业技术及规程。

年满18岁，经体格检查合格后方可从事高空作业。凡患有高血压、心脏病、癫痫病、精神病和其他不适于高空作业的人，禁止登高作业。

距地面二米以上，工作斜面坡度大于45°，工作地面没有平稳的立脚地方或有震动的地方，应视为高空作业。

防护用品要穿戴整齐，裤角要扎住，戴好安全帽，严禁穿拖鞋，不准穿光滑的硬底鞋。要有足够强度的安全带，并应将绳子牢系在坚固的建筑结构件上或金属结构架上，不准系在活动物件上。

登高前，施工负责人应对全体人员进行现场安全教育。

检查所用的登高工具和安全用具（如安全帽、安全带、梯子、跳板、脚手架、防护板、安全网）必须安全可靠，严禁冒险作业。

高空作业区地面要划出禁区，用竹篱笆围起，并挂上"闲人免进""禁止通行"等警示牌。

靠近电源（低压）线路作业前，应先联系停电。确认停电后方可进行工作，并应设置绝缘挡壁。作业者最少离开电线（低压）2米以外。禁止在高压线下作业。

高空作业所用的工具、零件、材料等必须装入工具袋。上下时手中不得拿物件；并必须从指定的路线上下，不得在高空投掷材料或工具等物；不得将易滚易滑的工具、材料堆放在脚手架上；不准打闹。工作完毕应及时将工具、零星材料、零部件等一切易坠落物件清理干净，以防落下伤人，上下大型零件时，应采用可靠的起吊机具。

要处处注意危险标志和危险地方。夜间作业，必须设置足够的照明设施，否则禁止施工。

严禁上下同时垂直作业。若特殊情况必须垂直作业，应经有关领导批准，并在上下两层间设备专用的防护棚或者其他隔离设施。

严禁坐在高空无遮栏处休息，防止坠落。

卷扬机等各种升降材料的设备严禁上下载人。

在石棉瓦屋面工作时，要用梯子等物垫在瓦上行动，防止踩破石棉瓦坠落。

不论任何情况，不得在墙顶上工作或通行。

脚手架的负荷量、每平方米不能超过270千克，如负荷量必须加大，架子应适当加固。超过3米长的铺板不能同时站两人工作。

进行高空焊接、氧割作业时，必须事先清除火星飞溅范围内的易燃易爆器。

脚手板斜道板、跳板和交通运输道，应随时清扫。如有泥、水、冰、雪，要采取有效防滑措施，并经安全员检查同意后方可开工。当结冻积雪严重，无法清除时，停止高空作业。

遇六级以上大风时，禁止露天进行高空作业。

（7）爆破施工安全保证措施

民爆物品应由专人负责采购、专车负责运输、运输以前应对炸药和放置、周边进行全面检查，确保炸药放置稳定。炸药运输到专门设置好的炸药仓库后，应由专人进行负责检查、并严格按公安部的《爆炸物品管理条例》的有关规定实施管理。严格执行颁发手续，剩余材料退库保管。领取炸药时，必须设专人领取并进行登记（注明使用量和使用部位）。执行当天用当天领取制度，当天没有用完的炸药必须退库保管。

爆破作业人员持证上岗，严禁无证人员进行操作。

规定放炮时间和信号，由专人负责指挥，起爆前应将全部人员和行人、牲畜等撤出危险区，同时对危险区内的房屋等采取安全保护措施。

严禁掏挖哑炮。爆破后发现哑炮，应立即封闭现场，禁止一切无关人员进入，应由原施工人员参加处理。

爆破后应进行现场清理，应特别注意边坡上方的浮岩、浮土的清理，防止附落伤人。清理时应自上而下用撬棍撬石块。

（8）电器设备安全操作保证措施

施工现场临时用电编制施工组织设计，按现行《施工现场临时用电安全技术规范》的要求进行设计、验收和检查，进行安全技术交底，并建立、健全安全用电管理制度，严格落实"防止误触带电体、防止漏电、实行安全电压"三项技术措施。

使用高压电器，采取加强外绝缘措施。其他电工产品均满足施工要求。避雷器选用适于本地区的避雷器。

低压电器设备有足够的的可靠性及提高分断能力延长触点寿命；空气开关、热继电器注意确定恰当的额定电流值；控制电动设备温升等。

10.4 安全应急措施

项目部应急小组在公司应急领导小组专职人员的指导下，有针对性地制定相应的应急预案，并在实施过程中根据新情况、新发现及时进行修订、补充。

在施工现场，根据应急预案，有针对性地储备必要的工程和医疗物资，一旦发生紧急情况能及时进行抢险和救援。

项目部应急小组在开工初期，对参建员工进行事故应急和救援知识、技能的培训，做好应急演练。

重大、特大事故发生后，项目部应急救援小组必须做到：

迅速采取适当措施，进行有效抢险救援和应急处理，防止事故蔓延扩大；

及时报告公司应急领导小组和地方安全生产监督管理部门并严格保护事故现场。

10.5 卫生防疫措施

（1）成立以项目经理为组长的疫情防控工作领导组，对本合同段全体员工的疫情防控工作负全责，并建立完善的信息沟通渠道。

（2）配备专职卫生监督员，负责对工地防疫工作进行监督检查。

（3）广泛开展宣传教育活动，普及疫情防控知识，确保每个施工人员都了解疫情防控措施及救治办法，排除恐慌心理，发现疫情采取果断措施，做到"早发现、早报告、早隔离、早治疗"。

（4）施工地区夏季炎热，防止人员中暑，避免长时间疲劳作业，并避开晴天烈日下施工，做好后勤及劳动保护工作。

（5）施工现场定期进行整理、清理、清扫工作，对厕所、垃圾存放点等卫生死角定期进行消毒，切断传染源。

第十一章 环境保护、水土保持体系及措施

为全面控制施工污染，减少污水、空气粉尘及噪音污染，全面达到国家、当地政府的自然保护、环保、水保标准。确保做到"少破坏、多保护、少扰动、多防护、少污染、多防治"。使环境保护监测控制项目及控制结果达到设计文件及有关规定要求，确保工程所在地的环境不受污染和通过相关部门验收，特制定以下的措施。

11.1 环境保护、水土保持保证体系

本合同段的环境保护、水土保持保证体系如图11-1所示。

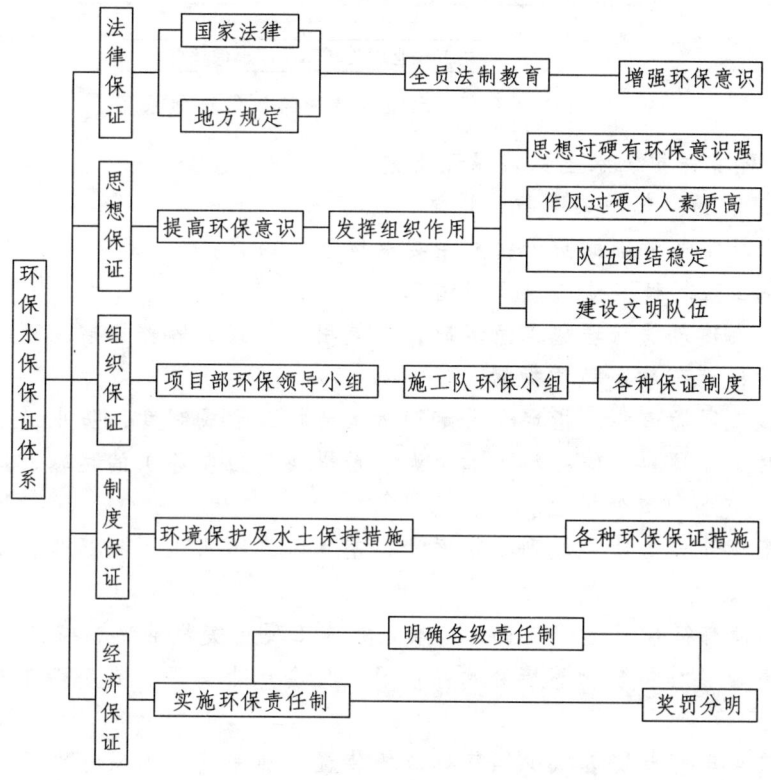

图11-1 环保、水保保证体系图

11.2 环境保护、水土保持的组织保证措施

在工程开工的同时，建立由项目经理直接领导的环保、水保工作小组，成立环境保护及水土保持管理和监督的职能机构。制定具体环境保护、水土保持的措施，负责组织和监督本工程环境保护措施和层层落实。组织保证的体系如图11-2所示。

开工前应对全体职工及民工进行培训教育，提高环保、水保意识，严格遵守国家和地方有关环境保护的法令法规，对施工活动界限内的生态环境加以认真保护。

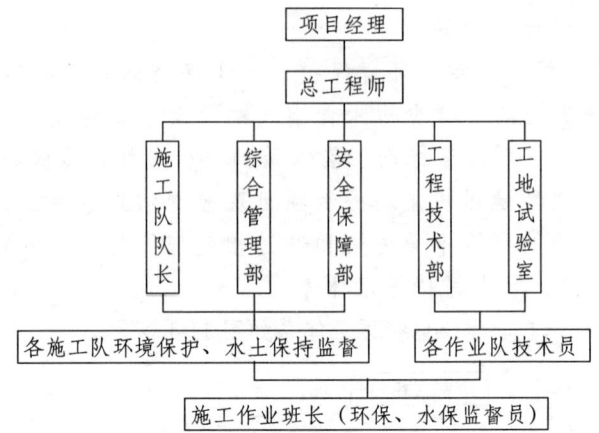

图 11-2　环境、水土保持的组织保证体系图

11.3　环境保护、水土保持保证措施

1. 施工现场空气污染的防治措施

施工现场空气污染的防治措施主要有以下的内容：

（1）施工现场垃圾渣土要及时清理出现场。

（2）高大建筑物清理施工垃圾时，要使用封闭式的容器或者采取其他措施处理高空废弃物，严禁凌空随意抛撒。

（3）施工现场道路应指定专人定期洒水清扫，形成制度，防止道路扬尘。

（4）对于细颗粒散体材料（如水泥、粉煤灰、白灰等）的运输、储存要注意遮盖、密封，防止和减少扬尘。

（5）车辆开出工地要做到不带泥沙，基本做到不洒土、不扬尘，减少对周围环境污染。

（6）除设有符合规定的装置外，禁止在施工现场焚烧油毡、橡胶、塑料、皮草、树叶、枯草、各种包装物等废弃物品以及其他会产生有毒、有害烟尘和恶臭气体的物质。

（7）机动车都要安装减少尾气排放的装置，确保符合国家标准。

（8）工地茶炉应尽量采用电热水器。若只能使用烧茶炉时，应选择消烟除尘型茶炉，在灶应选用消烟节能回风炉灶，使烟尘降到允许排放范围为止。

（9）大城市市区的建设工程已不容许搅拌混凝土。在容许设置搅拌站的工地，应将搅拌站封闭严密，并在进料仓上方安装除尘装置，采用可靠措施控制工地粉尘的污染。

（10）拆除旧建筑物时，应适当洒水，防止扬尘。

2. 水污染的防治

水污染的主要来源有：

（1）工业污染源：各种工业废水向自然水体的排放。

（2）生活污染源：主要有食物废渣、食油、粪便、合成洗涤剂、杀虫剂、病原微生物等。

（3）农业污染源：主要有化肥、农药等。

施工现场废水和固体废物随水流流入水体部分，包括泥浆、水泥、油漆、各种油类、混凝土添加剂、重金属、酸碱盐、非金属无机毒物等。

在施工过程中对水污染的防治措施主要有以下方面：

（1）禁止将有毒有害废弃物作土方回填。

（2）施工现场搅拌站废水，现制水磨石的污水，电石的污水必须经沉淀池沉淀合格后再排放，最好将沉淀水用于工地洒水降尘或采取措施回收利用。

（3）现场存放油料，必须对库房地面进行防渗处理，如采用防渗混凝土地面、铺油毡等措施。使用时，要采取防止油料跑、冒、滴、漏的措施，以免污染水体。

（4）施工现场 100 人以上的临时食堂，污水排放时可设置简易有效的隔油池，定期清理，防止污染。

（5）工地临时厕所、化粪池应采取防渗漏措施。中心城市施工现场的临时厕所可采用水冲式厕所，并有防蝇来蛆措施，防止污染水体和环境。

（6）化学用品、外加剂等要妥善保管，库内存放，防止污染环境。

3．噪声污染的防治

根据国家标准《建筑施工场界环境噪声排放标准》的要求，对建筑施工过程中场界环境噪声排放限值如表 11-1 所示。

表 11-1　建筑施工场界噪声排放限值　　　　　　　　dB（A）

昼　间	夜　间
70	55

4．固体废物的处理

建设单位工程工地上见的固体废物有：建筑渣土、废弃的散装大宗建筑材料、生活垃圾、设备材料等的包装材料、粪便等。固体废物处理的基本思想是：采取资源化、减量化和无害化的处理，对固体废物产生的全过程进行控制。

11.4　水土保持保证措施

根据本标段的地形条件和水文特征，坚决按《水土保持法》的规定，合理设置施工营地、材料场、临时工棚、施工便道等，做好水土保持防护工作，不强行改变地表径流方向或改沟、改河、不随意切割植被，人为任意扩大活动范围造成水土的流失。

不得将弃渣场设置在植被发育良好的地段，不得随意大面积开挖、破坏地表草皮及地层结构。否则应采取及时、有效的防护或恢复措施，以防止引起局部植被退化和水土流失。除对弃土场采取平整、防护措施外，有条件时还应对其表面撒种草籽，防止水土流失。

土方工程尽量安排在非雨季施工，防止雨水冲刷造成水土流失。

桥梁施工时的弃土，不得随意丢弃和挤压沟渠堆放，尽量用作填方或选择合适场地进行堆放。对施工垃圾及原有河道及沟渠进行清理与处置，保证水流畅通。

第十二章　文明施工、文物保护体系及措施

文明施工是指保持施工现场良好的作业环境、卫生环境和工作秩序。因此，文明施工也是保护环境保护的一项重要措施。文明施工主要包括：规范施工现场的场容、保持作业环境的整洁卫生、科学组织施工，使生产有序进行、减少施工对周围居民和环境的影响、遵守施工现场文明施工的规定和要求，保证职工的安全和身体健康等。

12.1　文明施工、文物保护保证体系

本合同段文明施工、文物保护保证体系如图 12-1 所示。

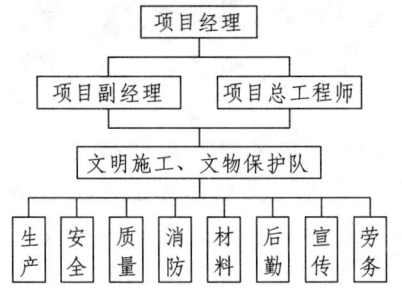

图 12-1　文明施工、文物保护保证体系

12.2　文明施工、文物保护保证措施

（1）严格遵守国家、省有关文明施工的规定。认真贯彻业主有关文明施工的各项要求，制定出以"方便居民生活，利于生产发展，维护环境卫生"为宗旨的文明施工措施，达到文明安全工地的标准。

（2）本工程建设将全面开展创建文明工地活动，切实做到"两通三无五必须"。

（3）在正式开工之前邀请工程周围所涉及的单位、村镇以及居民代表召开座谈会，征询对文明施工的意见和建议，取得他们的谅解、理解和支持。

（4）实行施工现场平面管理制度，各类临时设施、施工便道、加工场、堆放场和生活设施均按业主审定的施工组织设计和总平面布置图实施。

（5）结合本标段工程实际情况，成立以项目经理为组长的文明施工领导小组，对项目经理部及各作业队负责人进行明确分工，落实文明施工现场责任区，制定相关规章制度，确保文明施工现场管理有章可循。

（6）现场工程概况牌、施工组织网络牌、安全纪律牌、安全宣传牌、防火须知牌、事故记录牌和施工布置图要设置齐全，规格统一，内容完善，位置醒目。

（7）进场材料、成品、半成品以及构件等分门别类，堆放整齐，机械设备指定专人保养，保持运行正常，机容整洁。

（8）施工中严格按审定的施工组织设计及作业指导书实施，各道工序保持场地上无淤泥积水，施工道路平整畅通。临时道路的路面要硬化，路边设置相应的安全防护设施和标志，道路要经常维修。

（9）工地主要出入口设置交通指令标志和警示灯，保证车辆和行人安全。

（10）合理安排施工，尽可能使用低噪音设备，严格控制噪音，对于特殊设备采取降噪消音措施，以尽可能减少噪音对周边环境的影响。

（11）施工现场给排水要统一规划，做到给水不漏，排水顺畅。施工污水经明沟引流、集水池沉淀滤清后，间接排入下水道。同时落实"防汛"和"雨季防涝"措施，配备"三防器材"和值班人员作好"三防"工作。

（12）施工用电有用电规划设计，明确电源、配电箱及线路位置，制定安全用电技术措施和电器防火措施，不准随意架设线路。

12.3 文物保护措施

（1）项目经理是地下文物保护的第一负责人，对地下文物发现后的报告、现场保护、生产协调负总责。

（2）项目部工程师、各作业队都要设置一名兼职文物保护员，负责文物发现后的报告和现场保护工作。

（3）加强文物保护的思想教育，广泛宣传文物保护的有关法律、法规，增强施工人员的文物保护意识。

（4）任何人不得破坏或盗取国家文物。

第十三章 特殊季节施工保证措施

13.1 雨季施工措施

（1）所有施工现场周围挖设防洪、防雨排水沟，保证现场无大量积水。

（2）对圬工工程储足雨季施工的材料，保证砂、石等材料的供应。

（3）做好材料（如钢筋、水泥等）的防受潮、锈蚀工作。

（4）做好施工便道的排水系统，并铺渗水料铺面。

（5）路基施工合理安排填方的季节性施工，严禁在雨中或连绵雨天填筑非渗水土路堤。路基边沟、排水沟等先于其他工程完工，起到排水防洪作用。

（6）排出的雨水不得危及附近建筑物地基、道路和农田。

（7）路基填挖施工时，作业面每层做成 2%~3%的横向排水坡，不得有高低不平。分层施工随挖运、随铺散碾压。

（8）路堤填料过湿时不能使用，弃置晾晒风干后再用。

（9）挖方施工，经常检查挖方体上方动态，出现裂纹、滑坡、塌方等现象及时采取相应措施。

（10）路基及桥涵附属基础分段开挖，昼夜兼程，抢施基坑。

（11）配电箱要有防雨罩，各种机械设备要有防雨棚。

13.2 炎热高温季节施工措施

炎热高温季节对砼施工不利，高温会造成新拌砼失水、坍落度损失、假凝等不利影响，对养护期的砼会使水分蒸发迅速、造成养护湿度不够，最终对砼的强度、抗渗性、稳定性、抗化学侵蚀性造成不良影响；而且，施工人员的工作效率在炎热季节也要受到影响，为保证质量，特制定如下保证措施。

调整配合比，设计炎热季节专用配比，设计符合炎热季节要求的合适的砼及砂浆配比。调整砼浇筑时间，尽量将砼浇筑时间调整至夜间或温度较低时进行。砼养护采用连续养护的方法，定作专门的滴水式养护管道，保持不间断洒水保证砼养护湿度，并对重要结构采用遮阳棚等方式防晒。

采取施工作业处遮阳、安置通风设备、减短每班作业时间、准备防暑药品等方法，改善工人作业环境，保证工人作业质量。

13.3 缺陷责任期内对工程的维护方案

（1）成立专门的维护施工队，保留满足各单项工程施工需要。

（2）保留满足对工程全线进行常规测量，观测的测量仪器，对重点部位进行重点定期观测，发现问题及时上报，及时寻求解决方案。

（3）保证缺陷责任期内的工程技术力量。

（4）建立巡视制度，安排专人对全线工程进行定期巡视，重点项目重点巡视，并做好记录，以便及时发现问题，及时处理。

（5）保证缺陷责任期内的工程资金需要。

13.4 项目风险预测与防范，事故应急预案

1. 项目风险预测

由于本工程规模大，地形条件复杂，经分析，项目风险主要表现为：

（1）强降雨、暴雨、雷电等自然灾害可能会对工地施工带来突袭影响。

（2）高空作业跌落事故。

（3）测量控制点遭到破坏、控制测量偏差过大引起的工程风险。

（4）机械设备引发的工程风险。

2. 风险事故应急预案

应急救援组织机构如图 13-1 所示。

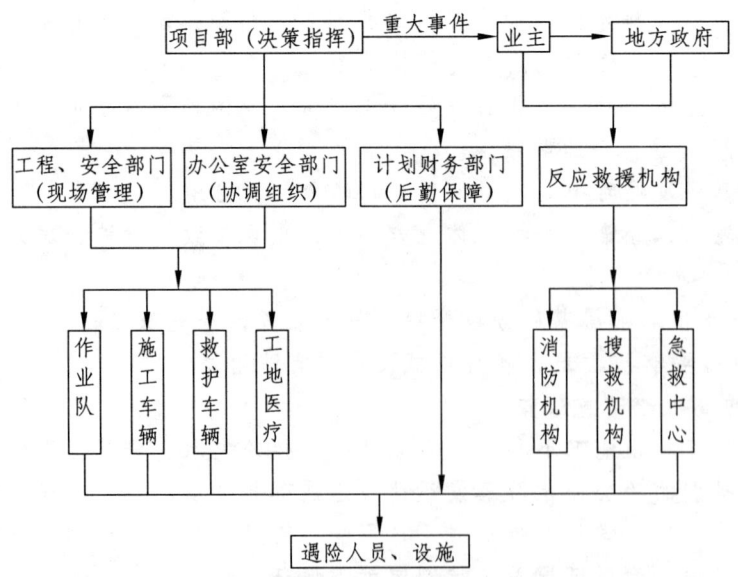

图 13-1 应急救援组织机构

同时项目部与地方人民医院合作建立了人员伤亡紧急救治中心，确保在发生事故后，救援队伍在第一时间到达事故现场，将人员的伤亡程度降到最低。

3. 防范措施及对策

（1）防强降雨、暴雨、雷电等自然灾害

雨季施工前，应先完成边沟、排水沟等防水、防洪、排水设施。深基坑应作好边坡防护工作，加强施工道路的养护，保证道路畅通，提供良好的施工环境，并做好物资、设备的防湿防潮工作。

混凝土工程，刚浇注完时要覆盖好，必要时采取搭棚防雨，不能让雨水冲刷。

桥梁基坑开挖要采取边坡防雨处理，防止冲刷造成坍坡，开挖后要及时浇注和砌筑，不让雨浇水浸泡。如正赶上下雨，可采取必要防护措施，待雨停后再继续施工。

与当地气象部门加强联系，了解近期气象预报，掌握雨汛情况，做到心中有数，一旦遇有灾害性天气和水情，及时做出部署，驻地、设备、加工场地布置远离河槽、沟谷等汇水区域。

（2）防高空跌落

防护栏、网，防跌落网齐全有效。

高空作业人员佩戴个人安全设备。

严禁违章作业。

各种口、井设安全警示标志。

测量风险防范措施

设立可靠测量控制网，并严加保护，防止破坏。

严格测量复合管理制度，认真复测，必要时加密测量控制网。施工测量必须有两人以上相互检查校对并作出测量和检查核对记录。

仪器设备按规定定期校核，取得合格证后可使用，做好仪器保证。复测及施工所用测量仪器在开工前送权威机构进行检定，并拥有有效检定证书后再投入使用，以确保施工的正常开展。

机械设备风险防范措施

主要的设备，特别是泵送、振捣设备，均为双机或多机作业，且具有备用措施，施工前做好检修保养工作，确保连续作业。

配备足够的维修零配件，以免临时采购时延误。

要求大型设备提供商专门派修理人员进驻场地，以便及时维修。

突发事故预警应急预案

各施工作业队应对有可能发生安全事故的工作进行事故预测，并加强该环节的安全教育和操作规程控制管理。

施工作业点一旦发现险情，首先应采取一切有效方式控制险情的发展，同时及时向项目部及业主报告。

项目部组织抢险小组，做好人员伤情、机械受损、施工结构物损坏的调查，抢救工作。

组织事故处理小组对事故发生的原因、处理方法及善后工作进行安排和处理。

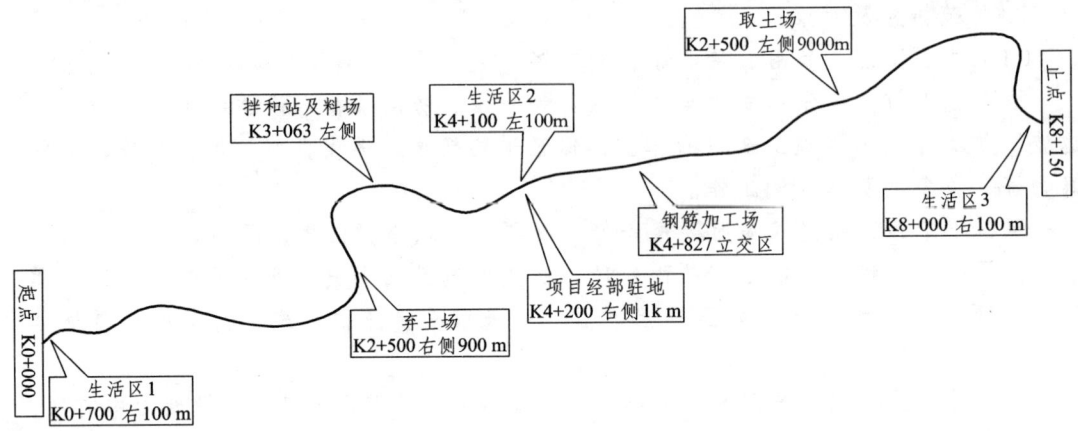

附图 1 某调整公路施工平面图布置

年度				2016年												2017年											
月份 主要工程项目	开始时间	完成时间	工期(天)	1	2	3	4	5	6	7	8	9	10	11	12	1	2	3	4	5	6	7	8	9	10	11	12
1.施工准备	2016/1/1	2016/2/17	48																								
2.路基处理	2016/2/18	2016/4/30	72																								
3.路基填筑	2016/2/18	2017/5/31	467																								
4.路基挖方	2016/2/18	2017/4/30	437																								
5.涵洞	2016/5/1	2017/2/28	304																								
6.防护及排水	2016/7/1	2017/7/31	396																								
7.桥梁工程	2016/2/18	2017/11/10	621																								
(1)基础工程	2016/2/18	2017/2/28	376																								
(2)墩台工程	2016/4/1	2017/5/31	426																								
(3)梁体预制	2016/5/1	2017/5/31	396																								
(4)梁体安装	2016/7/1	2017/8/31	427																								
(5)现浇箱梁	2016/7/1	2017/8/31	427																								
(6)桥面铺装及人行道	2016/10/1	2017/11/10	375																								
8.其他	2017/11/10	2017/12/10	30																								
9.交工验收	2017/12/10	2017/12/31	11																								

附图 2 某高速公路某合同段施工总体计划横道图

第七章　公路工程项目施工管理

公路工程项目施工管理主要是以现代科学管理原理作为其理论基础，管理的主要内容为：施工过程中的进度控制管理、质量控制管理、安全管理、施工技术管理、施工招标投标管理、合同价款的结算与支付管理、施工成本管理、合同管理和施工现场材料计划管理与成本控制等管理内容。

由于上述的管理内容在相关的专业课程中均有详细的论述，为了不构成知识点的累述，本教材从基本理论出发，将对上述管理的内容进行简单的论述，让学生在学习过程中构建能力学习的一个整体的框架，并能结合所学的专业知识综合运用知识。

第一节　公路工程项目进度管理

公路工程项目进度管理主要有动态控制原理、系统控制原理、信息反馈原理、弹性原理、封闭循环原理、网络计划技术原理等基本的原理。

在公路工程项目的管理过程中，在中标通知书发出后合同规定的时间内，承包人应向监理工程师书面提交以下文件：一份详细和格式符合要求的工程总体进度计划及必需的各项关键工程的进度计划；一份有关全部支付的现金流估算；一份有关施工方案和施工方法的总说明。这一部分的内容是通过施工组织设计提出。

在将要开工以前或在开工以后合理的时间内，承包人应向监理工程师提交以下文件：年、月（季）度进度计划及现金流动估算和分项（或分部）工程的进度计划。

一、公路工程项目进度的检查

在公路工程项目开工后，应对工程项目的进度进行检查。公路工程项目进度检查的内容包括以下内容：

（1）工作量的完成情况。
（2）工作时间的执行情况。
（3）资源使用及进度的互配情况。
（4）上次检查提出问题的处理情况。

对于进度计划的检查方式有以下的几种：

（1）项目部定期地收集由承包单位提交的有关进度报表资料。

（2）由驻地监理人员现场跟踪检查公路工程的实际进展情况。

（3）由监理工程师定期组织现场施工负责人召开现场会议。

（4）上次检查提出问题的处理情况。

二、进度计划检查的方法

进度计划检查的方法主要有：横道图比较法、"S"形曲线比较法、"香蕉"形曲线比较法、前锋线比较法。各种检查方法的特点如表7-1所示。

表7-1 公路工程进度计划检查的方法比较

进度计划检查的方法	进度计划检查方法的特点
横道图比较法	横道图比较法是指将在项目实施中检查实际进度收集的信息，经整理后直接用横道图线并列标于原计划的横道线处，进行直观比较的方法
"S"形曲线比较法	以横坐标表示进度时间，纵坐标表示累计完成任务量，从而绘制出一条按计划时间累计完成任务量的S形曲线，将施工项目的各检查时间实际完成的任务量与S形曲线实际进度与计划进度相比较的一种方法
"香蕉"形曲线比较法	"香蕉"曲线由两条以同一开始时间、同一结束时间的S形曲线组合而成，而且时间最好采用工期的百分数表示。其中，一条S形曲线是工程按最早完成时间安排进度所绘制的S形曲线，简称ES曲线；而另一条S形曲线是工作按最迟完成安排进度所绘制的S形曲线，简称LS曲线。除了项目的开始和结束点外，ES曲线在LS曲线的上方，同一时刻两条曲线所对应完成的工作量是不同的。在项目实施过程中，理想的状况是任一时刻的实际进度均在这两条曲线所包区域内的曲线R
前锋线比较法	前锋线比较法通过实际进度前锋线与原进度计划中各工作箭线交点的位置来判断工作实际进度与计划进度的偏差，进而判定该偏差对后续工作及总工期影响程度的一种方法。它主要适用于时标网络计划

进度计划检查方法的表示示例图如图7-1、7-2、7-3所示。

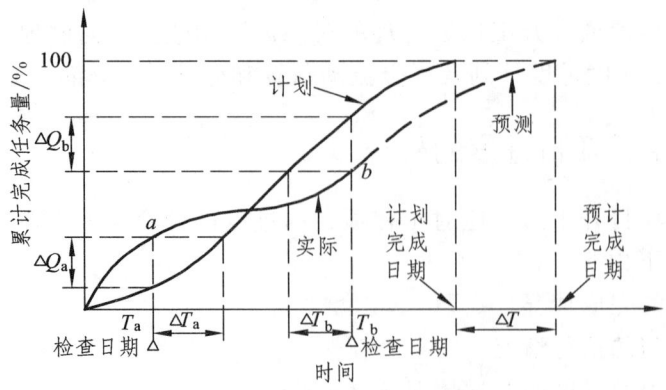

图7-1 "S"形曲线比较法示例图

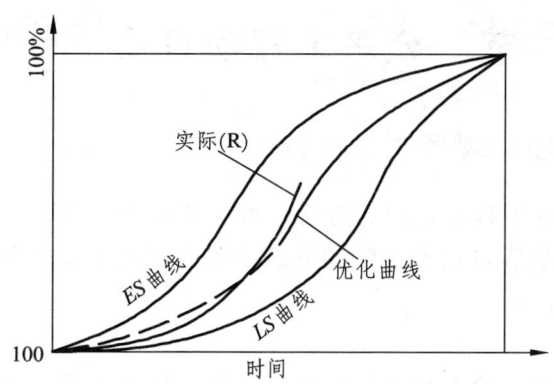

图 7-2 "香蕉"形曲线比较法示例图

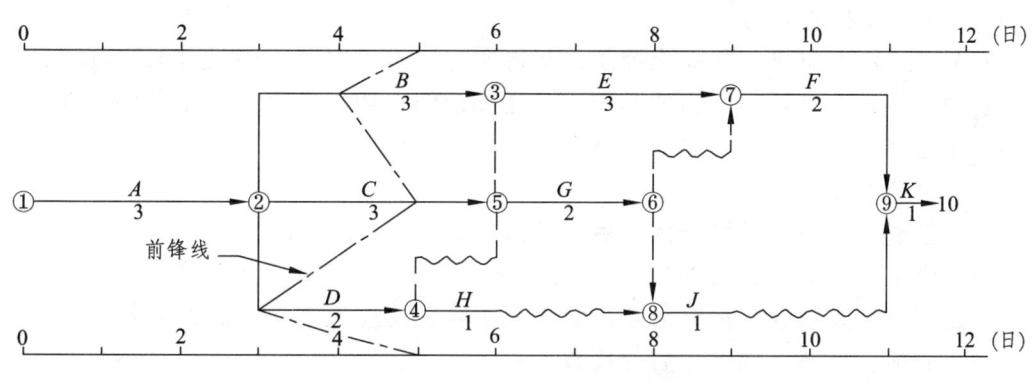

图 7-3 前锋线比较法示例图

三、进度计划的调整

在公路工程项目施工实际进度影响到后续工作时，总工期需要对进度计划进行调整。进度计划的调整方法通常有两种：

1. 改变某些工作的逻辑关系

当工程项目实施中产生的进度偏差影响到总工期，且有关工作的逻辑关系允许改变时，可以改变关键工作或超过计划工期的原非关键工作（即新关键工作）之间的逻辑关系，达到缩短工作的目的。例如，将顺序进行的工作改为平行作业、搭接作业以及分段组织流水作业等，都可以有效地缩短工期。

2. 缩短某些工作的持续时间

这种方法不改变工程项目各项工作之间的逻辑关系，而通过增加资源投入提高劳动效率等措施来缩短某些工作的持续时间，使工程进度加快，以保证按计划工期完成该工程项目。这些被压缩持续时间的工作是位于关键线路上。同时，这些工作又是期持续时间可被压缩的工作。这种调整方法通常可以在网络图上直接进行。

第二节 公路工程项目质量管理

一、公路工程项目现场质量检查的分类

公路工程项目现场工程质量检查分为：开工前检查、施工过程中检查和分项工程完成后的检查。现场质量检查控制的方法主要有：测量、试验、观察、分析、记录、监督、总结改进。

（1）开工前检查。

开工前检查的目的是检查是否具备开工条件，施工工艺与施工组织设计对照是否正确无误，开工后能否连续正常施工，能否保证工程质量。

（2）工序交接检查与检查。

工序交接检查应建立制度化控制，坚持实施。对于关键工序或对工程质量有重大影响的工序，在自检、互检的基础上，还要组织专职人员进行工序交接检查，以确保工序合格，使下道工序能顺利展开。

（3）隐蔽工程检查。

凡是隐蔽工程均应经检查认证后方可覆盖。

（4）停工后复工前的检查。

因处理质量问题或某种原因停工后再复工时，均应检查认可后方可复工。

（5）分项、分部工程完工后的检查。

按规定的程序和要求，经检查认可后并签署验收记录后，才允许进行下一工程项目施工。

（6）成品、材料、机械设备等的检查。

主要检查成品、材料等有无可靠的保护措施及其落实而且有效，以控制不发生损坏、变质等问题；检查机械设备的技术状态，以确保其处于完好的可控状态。

（7）巡视检查。

对施工操作质量应进行巡视检查，必要时还应进行跟踪检查。

二、质量控制的关键点

公路工程项目施工质量控制的关键点如表7-2所示。

三、公路工程质量检查的内容

根据建设任务、施工管理和质量检验评定的需要，应在施工准备阶段按《公路工程质量检验评定标准》的要求将建设项目划分为单位工程、分部工程和分项工程。施工单位、工程监理单位和建设单位应按标准中规定的内容项对工程质量进行监控和管理。

表 7-2 公路工程质量控制关键点表

名 称	质量控制关键点
土方路基工程	① 施工放样与断面测量； ② 路基原地面处理，按施工技术合同或规范规定要求处理，并认真整平压实； ③ 使用适宜材料，必须采用设计和规范规定的适用材料，保证原材料合格，正确确定土的最大干密度和最佳含水量； ④ 压实设备及压实方案； ⑤ 路基纵横向排水系统设置； ⑥ 每层的松铺厚度，横坡及填筑速率； ⑦ 分层压实，控制填土的含水量，确保压实度达到设计要求
路面基层（底基层）	① 基层施工所采用设备组合及拌和设备计量装置校验； ② 路面基层（底基层）所用结合料（如水泥、石灰）剂量； ③ 路面基层（底基层）材料的含水量、拌和均匀性、配合比； ④ 路面基层（底基层）的压实度、弯沉值、平整度及横坡等； ⑤ 如采用级配碎（砾）石还需要注意集料的级配和石料的压碎值； ⑥ 及时有效的养护
水泥混凝土路面	① 基层强度、平整度、高程的检查与控制； ② 混凝土材料的检查与试验，水泥品种及用量确定； ③ 混凝土拌和、摊铺设备及计量装置校验； ④ 混凝土配合比设计和试件的试验，混凝土的水灰比、外掺剂加量、坍落度应控制； ⑤ 混凝土的摊铺、振捣、成型及避免离析； ⑥ 切缝时间和养护技术的采用
沥青混凝土路面	① 基层强度、平整度、调和的检查与控制； ② 沥青材料的检查与试验、沥青混凝土配合比设计和试验； ③ 沥青混凝土拌和设备及计量装置校验； ④ 路面施工机械设备配置与压实方案； ⑤ 沥青混凝土的拌和、运输及摊铺温度控制； ⑥ 沥青混凝土摊铺厚度的控制和摊铺中离析控制； ⑦ 沥青混凝土的碾压与接缝施工
扩大基础	① 基底地基承载力的检测确认、满足设计要求； ② 基底表面松散层的清理； ③ 及时浇筑混凝土，减少基底暴露时间； ④ 大体各混凝土施工裂缝控制
钻孔桩	① 桩位坐标与垂直度控制； ② 护筒埋深； ③ 泥浆指标控制； ④ 护筒内水头高度； ⑤ 孔径的控制、防止缩径； ⑥ 桩顶、桩底标高的控制； ⑦ 清孔质量； ⑧ 钢筋笼接头质量； ⑨ 导管接头质量检查与不下混凝土的灌注质量

续表

名　称	质量控制关键点
承台	① 承台混凝土配合比设计； ② 抽水机后封底混凝土基底的调平； ③ 承台混凝土浇筑导管布设及混凝土振捣； ④ 大体积混凝土温控设施的设计、施工及大体积混凝土养护； ⑤ 各类预埋件的施工质量控制
沉井	① 初始平面位置的控制； ② 刃脚质量； ③ 下沉过程中沉井倾斜度与偏位的动态控制； ④ 封底混凝土的浇筑工艺确保封底混凝土的质量
实心墩	① 墩身锚固钢筋预埋质量控制； ② 墩身平面位置控制； ③ 墩身垂直度控制； ④ 模板接缝错台控制； ⑤ 墩顶支座预埋件位置、数量控制
薄壁墩	① 墩身锚固钢筋预埋质量控制； ② 墩身平面位置控制； ③ 墩身垂直度控制； ④ 模板接缝错台控制； ⑤ 墩顶支座预埋位置、数量控制； ⑥ 墩身与承台连接处混凝土裂缝控制； ⑦ 墩顶实心段混凝土裂缝控制
连续梁桥	① 支架施工：支架沉降量的控制； ② 先简支后连续：后浇段工艺控制、体系转换工艺控制、后浇段收缩控制、临时支座安装与拆除控制； ③ 挂篮悬臂施工：浇筑过程中的线形控制、边跨及跨中合龙段混凝土的裂缝控制； ④ 预应力梁：张拉力扩预应力钢筋伸长量控制
简支梁桥	① 简支梁混凝土的强度控制； ② 预拱度的控制； ③ 支座预埋件的位置控制； ④ 大梁安装时梁与梁之间高差的控制； ⑤ 支座安装型号、方向的控制； ⑥ 梁板之间现浇带混凝土质量控制； ⑦ 伸缩缝安装质量控制
拱桥	① 预制拼装：拱肋拱轴线的控制； ② 支架施工：支架基础承载力控制、支架沉降控制、拱架加载控制、卸架工艺控制； ③ 钢管拱：钢筋混凝土压筑质量控制
斜拉桥	① 主塔空间位置的控制； ② 斜拉索锚固管或锚箱空间定位的控制； ③ 斜拉桥线形控制； ④ 牵索挂篮悬臂施工：斜拉索索力控制、索力调整； ⑤ 悬臂吊装：梁段外形尺寸控制、斜拉索索力控制、索力调整； ⑥ 合龙段的控制

续表

名　称	质量控制关键点
悬索桥	① 猫道线形控制； ② 主缆架设线形控制； ③ 索股安装：基准索股的定位控制、索股锚固力的控制； ④ 索股架设中塔顶位移及索鞍位置的调整； ⑤ 紧缆：空隙率的控制； ⑥ 索夹定位控制； ⑦ 缠丝拉力控制； ⑧ 吊索长度的确定； ⑨ 加劲梁的焊接质量控制
钢围堰	① 钢围堰施工常见质量控制关键点； ② 钢围堰的设计与加工制造质量控制； ③ 钢围堰入水、落床及入土下沉过程中平面位置、高程等控制； ④ 钢围堰下沉到位后的清底及整平； ⑤ 封底混凝土浇筑时的导管布设与封底混凝土厚度控制
公路隧道	① 正确判断围岩级别，及时调整施工方案； ② 认真测量、检查和修正开挖断面，减少超挖； ③ 制定切实可行的开挖方案； ④ 喷锚支护，控制在开挖后围岩自稳定时间的 1/2 以内完成； ⑤ 认真观测，收集资料，做好施工质量的信息反馈

第三节　公路工程项目安全管理

一、公路工程项目安全管理的原则

由于公路工程建设的规模大、周期长，参与人数多、环境复杂多变，安全生产的难度很大。我国目前实行"企业负责、行业管理、国家监察、群众监督、劳动遵章守纪"的安全生产管理体制。

企业对安全生产负责的关键是要做到"三个到位"，即责任到位、投入到位、措施到位。公路工程施工安全管理的原则主要有：

（1）管生产必须管安全的原则。

管生产必须管安全的原则是公路施工企业必须坚持的基本原则，是指企业主管生产的各级管理人员在生产过程中必须支持在抓生产的同时要抓安全。很生产必须管安全的原则体现了"安全为了生产，生产必须安全"；体现了在计划、布置、检查、总结、评比生产工作的同时，计划、布置、检查、总结评比安全生产工作。即实现生产与安全的"五同时"。

（2）谁主管谁负责、一把手负总责的原则。

"谁主管谁负责、一把手负总责"作为企业安全生产的原则，首先明确了企业法定代表人是安全生产第一责任人，对本企业安全生产应负全面责任；分管安全生产工作的副职，在其分管和涉及安全生产内容的，也应承担相应的领导责任。企业在制定安全生产领导责任制的还应当制定安全生产责任制。这样才能保证企业的生产管理做到全面覆盖，使安全责任落实到位。真正形成主要领导负总责，分管领导具体抓、其他领导协助办、各部门各司其职、各尽其责、齐抓共管的安全生产工作新局面。

（3）预防为主的原则。

"预防为主"的原则就是把安全生产工作的关口前移，超前防范，建立预教、预测、预想、预报、预警、预防的递进式、立体化事故隐患预防体系，改善安全状况，预防安全事故。

（4）动态管理的原则。

即安全管理过程是一个动态的管理过程。随着施工项目进展，安全管理的内容和重点也在发生着变化。所以，在公路工程施工安全管理方面要坚持动态管理的原则。

（5）计划性、系统性原则。

安全管理的两个显著特点即计划性和系统性，安全管理和其他管理大同小异，都要将其列入年度或月度计划中去。企业的安全管理要依据企业安全生产实际和上级主管部门的要求，合理确定企业某时期的安全生产方向、目标值以及实现安全目标的主要措施。

（6）奖优和罚劣相结合的原则。

在公路工程施工安全管理当中既要采用奖励的手段，也要采用惩罚的管理手段同。奖优要本着精神鼓励与物质鼓励相结合的原则，充分体现奖优罚劣。

（7）"安全第一"的强制性原则。

安全第一就是要求在进行生产和其他活动时把安全工作放在一切工作的首要位置。当生产和其他工作与安全发生矛盾时，要以安全为主，生产和其他工作要服从安全。

（8）以人为本、关爱生命、安全发展的原则。

在公路工程施工安全管理中，要处处把人的安全放到首位，以人为本，必须以人的生命为本，关爱生产、关注安全，从而做到安全发展。

（9）"四不放过"的原则。

"四不庭的原则是指在发生安全生产事故时必须坚持的处理是，即：事故原因不查清不放过、事故责任人没处理不放过、事故相关者没等到应有的教育不放过、事故的防范措施不落实不放过。

（10）"一岗双责"制的原则。

实现安全生产"一岗双责"制的原则就是在落实安全生产责任制的基础上，强调每个具体岗位兼有双重责任，即该岗位的本职工作责任和相应的安全生产责任。

（11）"一票否决"的原则。

即对发生重大特大事故的项目、部门和单位,将实行安全生产"一票否决",即取消其参与各类综合性先进单位或先进个人或者干部晋职晋级的资格。

二、公路施工项目安全管理的范围和要求

公路工程施工安全管理的范围包括:路基、路面、桥涵、隧道、水上、陆地、高空、爆破、特殊设备、电气使用等各种施工过程的安全管理。

1. 路基工程施工的安全管理范围和要求

(1)路基工程施工安全管理的范围包括:土方施工、石方施工、高边坡施工、爆破作业、机械作业、挡护工程等。其中各个管理方面都包含了对过程中起到能动作用的人的管理和施工中的各种机械、工具等的管理,以及对施工环境的安全管理,即人们常说的"人、机、料、法、环"五个方面。

(2)路基工程施工安全管理的一般要求如下:

① 建立健全路基施工安全保障体系:项目经理部应建立健全路基施工安全保障体系,全面落实安全生产责任制,建立相应的安全生产预防、预警、预控、安全检查、隐患排查、事故报告与处理、应急处置等安全生产保障措施。

② 施工现场布置应有利于生产、方便职工生活。

③ 施工现场内的坑、沟、水塘等边缘应设安全护栏,场地狭小,行人和运输繁忙的地段应设专人指挥交通。

④ 路基用地范围内对通信、电力设施、上下水道(管)等,均应协助有关部门事先拆迁或改造,对文物古迹应妥善保护,下挖工程开挖前,应根据设计文件复查地下构造的埋置位置及走向,并采取相应的安全防护措施。施工中如发现可疑物品时,应停止施工,报请有关部门处理。

⑤ 路基施工机械设备应有专人负责保养、维修和看管。各种机械操作手、电工必须持证上岗,同时经常加强对驾驶员、电工及路基作业人员的安全教育。

⑥ 路基施工现场必须做好交通安全管理工作。夜间施工,路口、边坡顶必须警示灯或反光标志,专人管理灯光照明。

⑦ 现场操作人员必须按规定佩戴个人安全防护用品,机械燃料库必须设消防防炎设备。

⑧ 施工现场易燃品必须分工放置,保证一定的安全距离。

2. 路面工程施工的安全管理范围和要求

(1)路面工程施工的安全管理范围包括:沥青路面工程的安全管理、水泥混凝土路面工程的安全管理。其中包括对施工作业人员的安全管理、施工中机械的安全管理、施工环境的安全管理。

(2)路面工程施工安全管理的一般要求如下:

① 确定施工方案,及时准确发布路面施工信息。

② 详细划分施工区域，设置好安全标志，严格按警告区、上游过渡区、缓冲区、作业区、下游过渡区、终止区来划分施工区域。

③ 施工现场所有施工人员应统一穿着橘黄色的反光安全服，施工时还应设专职的交通协管员和专职安全员，而且安全员分班实行 24h 施工路段安全巡查。

④ 施工车辆必须配置黄色闪光标志灯，停放在施工区内规定的地点。不得乱停乱放，要摆放整齐，特别在进出施工场地时，要绝对服从专职交通协管员的指挥，不得擅自进出。

⑤ 在施工区域两端应设置彩旗、安全警示灯、闪光方向标，给施工车辆和社会车辆以提示作用。

3. 桥涵工程的安全管理范围和要求

（1）桥涵工程的安全管理范围包括：桩基工程的安全管理、墩台工程的安全管理、墩身和盖梁工程的安全管理、桥面工程的安全管理等。其中各个管理方面都包含了对施工中人的安全管理、机械、工具等的安全管理以及施工环境的安全管理。此外，桥涵工程施工安全还要注意高处作业安全、缆索吊装施工安全、门架超重运输安全、混凝土浇筑安全、泵送混凝土安全、模板安装及拆除安全、脚手架安全、支架施工安全、钢筋制作安全、焊接安全等。

（2）桥梁工程施工安全管理的一般要求如下：

① 高墩、大跨、深水、结构复杂的大型桥梁施工，应对施工现场进行重大安全风险辨识与评估，并制定相应的安全技术措施。工程开工之前，应根据《公路工程施工安全技术规程》的要求制定出相应的安全技术操作规程，并及时向施工人员进行安全技术交底。

② 施工人员进入施工现场必须正确佩戴个人安全防护用品、用具、严防高处坠落，物体打击，触电或其他各类机械的、人为的伤害事故发生。

③ 施工前应对施工现场安全防护设施、临时用电、临时机电机具、特殊设备设施等进行全面的安全检查，确认符合安全要求后方可施工。

4. 隧道工程施工的安全管理范围和要求

（1）隧道工程施工安全管理的范围包括：隧道施工爆破作业的安全管理、隧道内运输的安全管理、隧道施工支护的安全管理、隧道施工衬砌的安全管理、隧道施工中通风、防尘、照明、排水以及防火、防瓦斯的安全管理等。

（2）隧道工程施工安全管理的一般要求如下：

① 隧道施工必须根据国家有关安全生产的法律、法规、标准规范、施工组织等编制分部分项工程安全专项施工方案。

② 隧道施工作业前，必须进行超前地质预报，全面了解地质状况，根据围岩等级进行钻爆设计，选择合适的施工方法和施工工艺，合理安排施工工序。

③ 洞外施工场地应平整不积水，应对车辆人员通道、出碴、进出材料、结构加工等进行合理布置，通畅有序。弃渣场地应设置在不堵塞河流、不污染环境、不毁

坏农田的地段。

④ 隧道钻爆作业前,应对通风、排水、用电、通信进行专项设计,动力电线应与照明线路分开布设,照明器材及用电设备应根据隧道类型选用防爆型或非防爆型。

⑤ 分部分项工程作业前必须逐级向作业人员进行安全技术交底,交底人和被交底人应在交底书上签字。

⑥ 隧道施工所有进出洞口的人员必须本人签字登记,并应建立完善的交接班制度和进出洞翻牌制度。

⑦ 隧道爆破工和炸药库保管员必须经过公安机关的专业培训并取得作用资格证方可上岗作业。

⑧ 进洞作业机动车辆应安装尾气净化装置或采取其他净化措施,防止有害气体洞内积聚对作业人员造成伤害。

⑨ 隧道软弱围岩施工应遵循"超前探、管超前、短进尺、弱(不)爆破、强支护、勤量测、紧衬砌"的原则,施工组织围绕这一原则开展施工。

⑩ 在 2 m 以上的洞口边坡和平台上作业时,应遵守高处作业安全操作规程。

⑪ 应制定详细的隧道施工安全生产应急救援预案,建立完善的应急救援体系,配备应急救援人员和必要的应急救援物质,并定期进行演练。

5. 水上作业的安全管理范围和要求

(1)水上工程施工的安全管理范围包括:针对水上施工的安全培训和安全技术交底、针对水上施工气象、水文、海域、航道、海上紧急避险等外界施工环境的安全管理、针对水上交通、浮吊等施工机械的安全管理等。

(2)水上工程施工安全管理的一般要求如下:

① 水上工程施工应严格按照《中华人民共和国海上交通安全法》《中华人民共和国内河交通安全管理条例》《中华人民共和国水上水下活动通航安全管理规定》及其他有关规定,制定相应的施工安全措施。

② 在船舶通航的大江、大河、大海区域进行水上施工作业前,必须按《中华人民共和国水上水下施工作业通航安全管理规定》的程序,在规定的期限内向施工所在地海事部门提出施工作业通航安全审核申请,批准并取得"水上水下施工许可证"后,方可施工。

③ 各水上作业施工前,应了解江、河、海域铺设的各种电缆、光缆、管道的走向,按规定采取有效措施予以保护,防止电缆、光缆及水下管道遭到损坏。

④ 项目应制定水上作业各分项工程安全实施方案和水上作业安全技术措施,防止施工便桥、平台、护筒、模板施工低于水位,影响施工和行洪;对于参加水上施工作业人员必须水上作业的安全教育和专项技术培训,并做好安全交底工作。

⑤ 水上施工必须在作业人员必经的栈桥、浮箱、交通船、水上工作平台、临时码头上配备安全防护装置和救生设施。

⑥ 进行水上夜间施工时,要有充足的灯光照明,尽量避免单人操作,特别是电

焊作业时，最少安排两人相互监护。

⑦ 施工项目要与地方气象部门、海事部门建立工作联系，及时了解和掌握施工水域的气候、涌潮、浪况、潮汐、台风等气象信息，正确指导安全施工。

⑧ 作业人员进入水上作业时，必须穿好救生衣，戴好安全帽。乘坐交通船上下班时，必须等船停稳后，方可从指定的通道上下船。严禁从船上往下跳跃，防止拥挤、推拉、碰撞、摔伤或滑落水中。

⑨ 作业人员乘坐交通船必须有序上下，乘员必须穿救生衣入仓。航行途中乘船人员不得随意走动或倚靠船舷，严禁打闹、嬉戏及随意运用交通船上的救生用具和消防器材。交通船严禁超员超载。

⑩ 参加水上施工的船舶必须证照齐全，按规定配备足够的船员，船舶机械性能良好，能满足施工要求，并及时到海事监督部门签证。

⑪ 在浮箱上作业时，要注意来往船只航行时引进的涌浪造成浮箱颠簸，致作业人员摔伤或被移位物体碰撞、打击，造成伤害。

⑫ 航道水域上下游各布置一警示标牌，警示过往船舶不得随意进行施工航道。临时施工栈桥设置警示防雾灯，通航口位置设置导航灯，防止过往船舶撞击。

⑬ 遇有六级以上大风、大浪等恶劣天气时，应停止水上作业。

6. 陆地工程的安全管理范围和要求

陆地工程的安全管理范围包括：各类人员的安全培训考核、特殊工种持证上岗以及各种安全技术交底等针对人的安全管理、针对运输车辆、吊车、装载机、拌和站、摊铺机、压路面等的机械、机具安全管理、针对施工现场各种安全防护、标识标语等环境的安全管理。

陆地工程安全管理以保证公路工程项目在施工过程中以安全为目的的标准化、科学化的管理。

7. 高空工程施工的安全管理范围和要求

（1）高空工程安全管理的范围包括：高空作业人员管理、从业人员的安全培训、安全技术交底、现场安全监督检查等、高空作业临边防护及高空作业平台、高空防坠落等现场环境安全管理、高空作业机械、机具、各种用电等物的安全管理。

（2）高空工程施工安全管理的一般要求有：

① 高空作业施工前，应逐级进行安全技术教育及交底，落实所有安全技术措施和个人防护作品，未经落实时不得进行施工。

② 高处作业时的安全标志、工具、仪表、电气设施和各种设备，必须在施工前加以检查，确认其完好，方能投入使用。

③ 悬空、攀登高处作业以及搭设高处安全设施的人员必须按照国家在关规定经过专门的安全作业培训，并取得特种作业操作资格证书后，方可上岗作业。

④ 从事高空作业的人员必须定期进行身体检查，诊断患有心脏病、贫血、高血压、癫痫病、恐高症及其他不适宜高处作业的疾病时，不得从事高处作业。

⑤ 高空作业人员应戴安全帽，身穿紧口工作服，脚穿防滑鞋，腰系安全带。在有坠落可能的部位作业时，必须把安全带挂在牢固的结构上，安全带应高挂低用，不可随意缠在腰上，安全带长度应超过 3 m。作业时要严格遵守各项劳动纪律和安全操作规程，严禁酒后和过度疲劳的人员进行登高作业。

⑥ 高空作业场所坠落可能的物体，应一律先行撤除或予以固定。所用物件均应堆放平衡，不妨碍通行和装卸。工具应随手放入工具袋，拆卸下的物件及余料和废料均应及时清理运走，清理时应采用传递或系绳提溜方式，禁止抛掷。

⑦ 遇有六级以上强风、浓雾和大雨等恶劣天气时，不得进行露天悬空与攀登高处作业。台风暴雨后，应对高处作业安全设施逐一检查，发现有松动、变形、损坏或脱落、漏雨、漏电等现象，应立即修理完善或重新设置。

⑧ 所有安全防护设施和安全标志等，任何人不得损坏或擅自移动和拆除。因作业必须临时拆除或变动安全防护设施、安全标志时，必须经有关施工负责人同意，并采取相应的可靠措施，作业完毕后立即恢复。

⑨ 施工中对高空作业的安全技术设施发现有缺陷和隐患时，必须立即报告，及时解决。危及人身安全时，必须立即停止作业。

⑩ 高处作业上下应设置联系信号或通信装置，并指定专人负责。

8. 爆破工程施工的安全管理范围和要求

（1）爆破工程的安全管理范围包括：对操作人员进行的培训和考核、技术交底、考试取证、安全教育等安全管理；对炸药、雷管、导火索以及其他爆破器材等物的安全管理；对爆破现场的安全距离、安全防护、安全警示等的环境的安全管理。

（2）爆破工程施工必须制定相应的安全控制措施，一般要求如下：

① 从事爆破工程的施工单位必须取得相应的爆破资质，方能从事爆破工程施工作业。

② 爆破工程施工前，施工方案必须报有关部门审批后才能实施。

③ 按照《爆破安全规程》的规定，爆破作业人员应参加培训经考核取得有关部门颁发的相应类别和作业范围、级别的安全作业证，持证上岗。因此，爆破工程施工的作业人员必须按照国家有关规定经过专门的安全作业培训，并取得特种作业操作资格证书后，方可上岗作业。

④ 爆破作业和爆破作业单位爆炸物品的购买、运输、储存、使用、加工、检验与销毁的安全技术要求及管理工作要求，应严格按照《爆破安全规程》的相关规定实施。

9. 特种设备的安全管理范围和要求

（1）特种设备的安全管理范围包括：特种设备的购买、租赁与安装；特种设备持证情况，包括：设备的出厂合格证、检验合格证、使用地报检合格证、操作人员特殊工种证等；特种设备的保养、维修、使用、检验检查记录；操作人员安全教育、技术交底等。

（2）特种设备安全管理的一般要求如下：

① 特种设备安全管理必须按《特种设备安全监察条件》的有关要求制定相应的安全管理措施。

② 塔式（门式）起重机、施工电梯、物料提升机等施工起重机械的操作人员、指挥、司索人员等作业人员属特种作业，必须按国家有关规定经专门安全作业培训，取得特种作业操作资格证书，方可上岗作业。

③ 起重机械在安装、拆卸、加高作业前，应根据作业特点编制专项施工方案，并进行方案及安全技术交底。

④ 起重吊装作业时周边应设置警戒域，设置醒目的警示标志，防止无关人员进入。

⑤ 起重吊装作业过程必须遵守起重机"十不吊"原则。

10. 电气作业的安全管理范围和要求

（1）电气作业的安全管理范围包括：配电室的安全管理；配电线路的安全管理；施工现场配电箱与开关箱设置的安全管理；配电箱、开关箱内的电器装置的安全管理；发电机组的安全管理；电动机械设备的安全管理；施工现场照明电器的安全管理；安全电压的具体要求等。

（2）电气作业安全管理的一般要求如下：

① 施工现场临时用电应按照《施工现场临时用电安全技术规范》的要求，采用TN-S接零保护系统，即具有专用保护零线（PE线）、电源中性点直接接地的220/380V三相五线制系统。

② 施工现场临时用电必须按"三级配电二级保护"设置。

③ 施工现场的用电设备必须实行"一机、一闸、一漏、一箱"制，即每台用电设备必须有自己专用的开关箱，专用开关箱内必须设置独立的隔离开关和漏电保护器。

④ 施工现场架空线采用绝缘铜线，架空线应设在专用电杆上，并与地面保持足够的安全距离。

⑤ 在变压器、电闸箱等用电危险地方，应挂设安全警示牌。如"有电危险"、"禁止合闸，有人工作"等安全标识。

⑥ 特殊场所必须采用安全电压照明供电。

⑦ 施工现场的电工、电气焊工属于特种作业工种，必须按国家有关规定经专门安全作业培训，取得特种作业操作资格证书，方可上岗作业。

上述各项的施工安全技术措施内容必须符合现行安全生产法律、法规和安全技术规范、标准的有关规定。

第四节　公路工程项目施工技术管理

公路工程项目施工技术的管理主要分为：施工准备阶段技术管理、施工阶段技术管理、施工交竣工阶段技术管理等方面的内容。

一、施工准备阶段技术管理

工程项目开工前,要先做好详细而充分的技术准备工作,工程开工后才能有有条不紊地顺利进行,避免开工后出现设计问题、现场地形地质与设计资料不符、测量试验不能配合施工、关键材料设备未及时到位等情况导致工程延误甚至停顿而造成不必要的损失。

对于公路工程项目施工准备阶段的管理内容如下:

(1) 对工程项目资料进行交接。需要交接的主要资料有:投标期间的现场考察技术资料、投标答疑资料、投标文件、中标通知书、合同文件、与业主签订的协议、投标承诺、图纸等内容。

(2) 设计交桩及导线点复测工作的管理。

(3) 图纸复核。

(4) 现场核对设计文件。

(5) 为实施性施工组织设计和技术方案补充必要的现场调查资料。

(6) 划分单位、分部、分项工程。

(7) 建立控制测量网。

(8) 建立项目试验室并提前做好先期工程试验及配合比相关工作。

(9) 为需要提前订购的重要材料和设备提供有关的技术参数、质量要求和最早进场时间。

(10) 编制实施性施工组织设计与技术方案。

(11) 按业主和上级机关要求及工程具体情况配备项目所需的技术标准、规范、规程及有关技术参考资料。

(12) 开工前的技术培训学习。

(13) 其他技术准备工作。

二、施工阶段技术管理

在项目开工建设后,应该做的施工阶段的技术管理工程内容如下:

1. 技术交底

技术交底按不同层次、不同要求和不同方式进行,应使所有参与施工的人员掌握所从事工作的内容、操作规程方法和技术要求。技术交底的方式、要求与内容如表 7-3 所示。

2. 设计变更管理

在施工过程中,施工图的修改权为设计单位及项目设计者所拥有,施工单位只应按施工图进行施工。未经设计单位及项目设计负责人允许,施工单位无权修改设计。设计变更管理的内容如表7-4所示。

表7-3　施工阶段技术交底的方式、要求与内容表

技术交底方式	1. 技术交底应按不同层次、不同要求和不同方式进行，应使所有参与施工的人员掌握所从事工作的内容、操作规程方法和技术要求
	2. 项目经理部的技术交底由项目经理组织，项目总工主持实施
	3. 工长（技术负责人）负责组织向本责任区内的班组交底
	4. 对于分包工程，项目经理部应向分包单位详细地就承包合同中有关技术管理、质量要求，工程监理和竣工验收办法以及合同规定中双方应承担的经济合同法律责任等内容进行全面交底
技术交底的要求	技术交底工作应分级进行、分级管理
技术交底的内容	1. 承包合同中有关施工技术管理和监理办法，合同条款规定的法律、经济责任和工期
	2. 设计文件、施工图及说明要点等内容
	3. 分部、分项工程的施工特点，质量要求
	4. 施工技术方案
	5. 工程合同技术规范、使用的工法或工艺操作规程
	6. 材料的特性、技术要求和节约措施
	7. 季节性施工措施
	8. 安全、环保方案
技术交底的内容	9. 各单位在施工中的协调配合、机械设备组合、交叉作业及注意事项
	10. 试验工程项目的技术标准和采用的规程
	11. 适应工程内容的科研项目、"四新"项目等先进技术推广应用的技术要求

表7-4　施工阶段设计变更管理的内容、手续及要求表

设计变更的主要原因	1. 经过会审后的施工图，在施工过程中，发现施工图仍有差错或与实际情况不符
	2. 因施工条件发生变化与施工图的规定不符
	3. 材料、半成品、设备等，与原设计要求不符
设计变更的内容、手续及要求	1. 公路工程设计变更应当符合国家有关公路工程强制性标准和技术规范要求，符合公路工程质量和使用功能的要求，符合环境保护的要求
	2. 公路工程设计变更分为重大设计变更、较大设计变更和一般设计变更
	3. 公路工程重大、较大设计变更实行审批制。经批准的设计变更一般不得再次变更
	4. 公路工程勘察设计、施工及监理等单位可以向项目法人提出公路工程设计变更的建议

续表

设计变更的内容、手续及要求	5. 公路工程设计变更工程的施工原则上由原施工单位承担。原施工单位不具备承担设计变更工程的资质等级时,项目法人应通过招标选择施工单位
	6. 由于公路工程勘察设计、施工等有关单位的过失引起公路工程设计变更并造成损失的,有关单位应承担相应的费用和相关责任
	7. 新工艺、新技术以及职工提出合理化建议等受到采纳,需要对原设计进行修改时,均需用"变更设计申请"向设计单位办理修改手续
	8. 重要工程部位及较大问题的变更必须由建设单位、设计和施工单位三方进行洽商,由设计单位修改,向施工单位签发"设计变更通知单"方为有效
	9. 如果设计工程做较大变更而影响建设规模和投资标准时,需报请原批准初步设计的主管单位同意后方可修改
	10. "图纸会审纪要"、"设计变更通知单"、"技术联系"等技术文件,都要有详细的文字记录,一并绘成明细表归入工程档案,将作为施工和竣工结算的依据

3. 测量管理

施工阶段测量管理的内容如表 7-5 所示。

4. 材料、构(配)件试验管理

对于施工阶段材料、构(配)件试验管理的内容应符合表 7-6 的规定。

三、施工交竣工阶段的技术管理

工程完工后,项目经理部应及时组织有关人员完成施工阶段的技术管理工作,包括编写工程技术总结和完善档案资料。具体内容如表 7-7 所示。

表 7-5 施工阶段测量管理的内容表

测量复核签认制的规定	1. 在测量工作的各个程序中实行双检制
	2. 各工点、工序范围内的测量工作,测量组应自检复核签认,分工衔接上的测量工作,由测量队或测量组进行互检复核和签认
	3. 项目测量队组织对控制网点和测量组设置的施工用桩及重大工程的放样进行复核测量,经项目技术部门主管现场进行检查签认,总工程师审核签认合格后,报驻地监理工程师审批认可
	4. 项目经理部总工和技术部门负责人要对测量队、组执行测量复核签认情况进行检查,并做好检查记录
测量记录与资料管理的规定	1. 测量记录与资料必须分类整理、妥善保管,作为竣工文件的组成部分归档
	2. 控制测量、每项单位工程施工测量必须分别使用单项测量记录本
	3. 一切原始观测值和记录项目在现场记录清楚,不得涂改,不得凭记忆补记、补绘
	4. 记录中不准连环更改,不合格时应重测
	5. 测量队、组应设专人管理原始记录和资料,建立台账,及时收集,按控制测量、单位工程分项整理立卷
	6. 内业计算前应得查外业资料,核对起算数据

表 7-6 施工阶段材料材料、构（配）件试验管理的内容

《公路水运工程试验检测管理办法》的规定	1. 划分检测机构等级
	2. 检测机构在同一公路工程项目标段中不得同时接受业主、监理、施工等多方的试验检测委托
	3. 检测机构依据合同承担公路水运工程试验检测业务，不得转包、违规分包
	4. 检测人员分为试验检测工程师和试验检测员。检测机构的技术负责人应当由试验检测工程师担任。试验检测报告应当由试验检测工程师审核、签发
工地试验室	1. 公路施工过程中，施工单位应建立为现场进行工程质量控制及所需其他试验的规模齐全、设施配套的工地试验室
	2. 除在施工合同段内设置一个工地试验室外，同时应根据现场需要，增设若干个流动试验站
原材料的验证试验	1. 经理部必须严格控制工程进场材料的质量、型号、规格
	2. 试验室对进场的主要原材料按施工技术规范规定的批量和项目进行检测试验
	3. 没有出厂合格证或试验单的材料及型号、规格与图纸要求不符的材料，一律不得在工程上使用
	4. 进场的材料要做到材质证明随材料走，材质证明要与所代表材料相符，做好材料的标识、标志
标准试验	1. 在各项工程开工前合同规定或合同的时间内，应完成标准试验，并将试验报告及试验材料提交监理工程师中心试验室审查批准
	2. 监理工程师中心试验室应在承包人进行标准试验的同时或以后，平行进行复核（对比）试验，以肯定、否定或调整承包人标准试验的参数或指标
工艺试验	1. 提出工艺试验的施工方案或实施细则并报监理工程师审查批准
	2. 工艺试验的机械组合、人员配额、材料、施工程序、预埋观测以及操作方法等应有两组以上方案，以便通过试验作出选定
	3. 试验结束后应提交试验报告，并经监理工程师审查批准
构（配）件进场验证试验	1. 对构件的检验
	2. 对于有缺陷的构件处理
试验、检测记录管理	1. 试验室对试验检测的原始记录和报告应印成一定格式的表格，原始记录和报告要实事求是，字迹清楚，数据可靠，结论明确
	2. 工程试验检测记录应使用签字笔填写，内容应填写完整，没有填写的地方应画"—"
	3. 原始记录是试验检测结果的如实记载，不允许随意更改、不许删减
	4. 原始记录如果需要更改，作废数据应画两条水平线，并将正确数据填在上方，同时加盖更改人印章
	5. 试验室由于记录类别多，应由专人负责整理记录，规定文件资料借阅、查找制度
	6. 试验室所有的质量记录，根据合同规定要求向业主提供足够份数，其余质量记录由试验室装订成册上交公司档案室
	7. 当所有规定的工程原材料检验、过程检验和试验均已完成，试验室应将所有的试验记录、报告以及分项工程、分部工程和单位工程的评定结果等资料，按交工验收要求整理成册，准备交工验收

表 7-7 施工交竣工阶段的技术管理工作

技术总结的主要内容	1. 简述本工程概况
	2. "新技术、新工艺、新材料、新设备"的推广应用情况
	3. 技术创新项目及运用效果
	4. 施工中关键技术的研究和技术难题的解决实施情况
	5. 施工中存在的技术失误、工程质量事故的原因及经验教训
	6. 沥青混凝土和水泥混凝土路面施工中进行质量监控的手段和方法

工程技术档案的收集内容	第一部分是工程完工验收后,交建设单位保管的资料内容	1. 竣工图表
		2. 图纸会审记录、设计变更和技术核定单
		3. 材料、构件的质量合格证明
		4. 隐蔽工程验收记录
		5. 工程质量检查评定和质量事故处理记录
		6. 主体结构和重要部位的试件、试块、材料试验、检查记录
		7. 永久性水准点的位置、构造物在施工过程中测量定位记录,有关试验观测记录
		8. 其他有关该项工程的技术决定
	第二部分是施工组织与管理方面的技术档案,由施工企业保存,供本单位今后施工参考	1. 施工组织设计及经验总结
		2. 技术革新建议的试验、采用、改动时的记录
		3. 重大质量、安全事故的原因分析及补救措施记录
		4. 有关重大技术的决定
		5. 施工日记
		6. 其他施工技术管理经验总结

第五节 公路工程施工招标投标管理

公路工程项目的招投标活动应遵循公开、公平、公正和诚信的原则,根据《公路工程施工招标投标管理办法》、《公路工程标准施工招标文件》等招投标文件所规定和各种国家标准、部颁标准、地方标准和技术规范等进行管理。

一、公路工程招标文件的主要内容

公路工程招标文件的主要内容如下:
(1)招标公告(或投标邀请书)。
(2)投标人须知。
(3)评标办法。
(4)合同条款及格式。
(5)工程量清单。
(6)图纸。

(7) 技术规范。

(8) 投标文件格式。

(9) 投标人须知前附表规定的其他材料。

招标文件所作的澄清、修改，构成招标文件的组成部分。当招标文件、招标文件的澄清或修改等在同一内容的表述上不一致时，以最后必出的书面文件为准。

二、公路工程投标文件的组成

公路工程投标文件的组成包括：

(1) 投标函及投标函附录。

(2) 法定代表人身份证明或附有法定代表人身份证明的授权委托书。

(3) 联合体协议书（如果有）。

(4) 投标保证金。

(5) 已标价工程量清单。

(6) 施工组织设计。

(7) 项目管理机构。

(8) 拟分包项目情况表。

(9) 资格审查资料。

(10) 承诺函。

(11) 调价函及调价后的工程量清单（如果有）。

(12) 投标人须知前附表规定的其他材料。

三、公路工程施工招标程序

对于公路工程施工招标应按图 7-4 的程序进行招标。

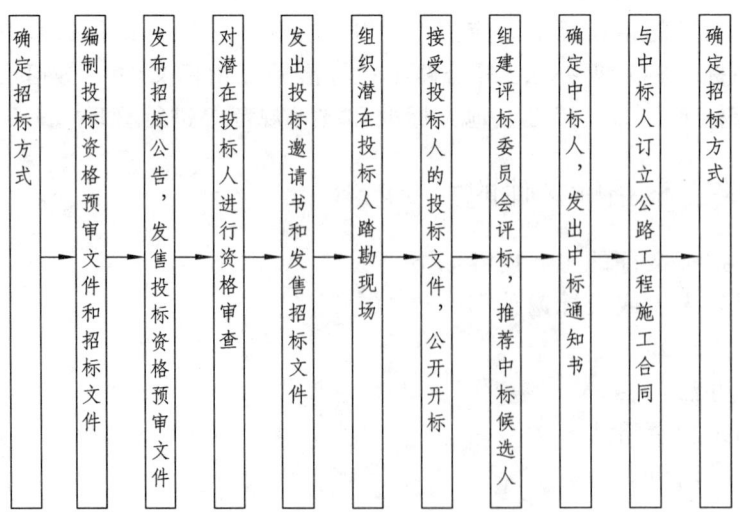

图 7-4 公路工程施工招标程序

四、公路工程施工投标程序

对于公路工程施工投标应按图 7-5 的程序进行投标。

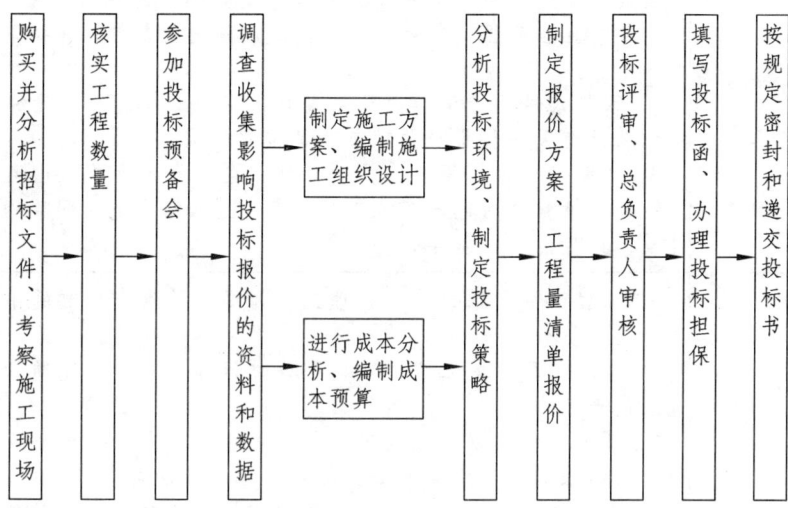

图 7-5　公路工程施工投标程序

第六节　公路工程合同价款的结算与支付管理

要完成对公路工程项目的结算与支付，首先要对公路工程项目进行计量。

一、公路工程计量管理

公路工程计量是按照技术规范所规定的方法对承包人符合要求的已完工程的实际数量进行测量、计算、核查和确认的过程。计量的任务是确定实际工程数量的多少。工程量有预估工程量和实际工程量之分，工程量清单的工程量仅是估算工程量，不能作为承包人应予完成的工程之实际和确切的工程量。公路工程项目的计量必须以净值为准。有关工程计量管理的内容如表 7-8 所示。

表 7-8　公路工程计量管理表

工程量计量总原则	1. 一切工程的计量，应由承包人提供符合精度要求的计量设备和条件，并由承包人计算后报监理工程师审核确认。 2. 凡超过了图纸所示或监理工程师指示或同意的任何长度、面积或体积，都不予以计量。 3. 全部必需的模板、脚手架、装备、机具和连接螺栓、垫圈等其他材料，应包括在其他支付细目中，不单独计算。 4. 如果规范规定的任何分项工程或其细目未在工程量清单中出现，则应被认为是其他相关工程的附属义务，不再单独计量

续表

工程计量的组织类型	1. 监理工程师独立计量——计量工作由监理工程师单独承担，然后将计量的记录送承包人；承包人对计量有异议，可在 7d 内以书面形式提出，再由监理工程师对承包商提出的质疑进行复核，并将复议后的结果通知承包人。 2. 承包人进行计量——由承包人对已完的工程进行计量，然后由计量的记录及有关资料报送监理工程师核实确认。 3. 监理工程师与承包人共同计量——在进行计量前，由监理工程师通知承包人计量的时间与工程部位，然后由承包人派人同监理工程师共同计量，计量后双方签字认可
现场计量的程序	1. 工程计量由承包人向监理工程师提出并附有必要的中间交工验收资料或质量合格证明。 2. 监理工程师对工程的任何部分进行计量时，事先通知承包人或承包人代表。 3. 计量工作可以由监理工程师或承包人双方委派合格人员在现场进行，其结果都必须经监理工程师和承包人双方同意，签字认可。 4. 如果承包人在收到监理工程师的计量通知后，不参加或未派人参加计量工作，经监理工程师批准的应认为是正确的工程计量，可以用作支付的依据，承包人不可以对此种计量提出异议

二、公路工程合同价款的结算管理

对于公路工程合同价款的结算的方式主要有：按月结算、竣工后一次结算、分段结算和目标结算的四种方式。各种方式的内容如表 7-9 所示。

表 7-9 公路工程价款的主要结算方式

工程价款的主要结算方式	内　　容
按月结算	实行旬末或月中预支或不预支，月终结算，竣工后清算的办法，跨年度竣工的工程，在年终进行工程盘点，办理年度结算
竣工后一次结算	建设项目或单项工程全部建筑安装工程建设期在 12 个月以内，或者工程承包价值在 100 万以下的，可以实行工程价款每月月中预支，竣工后一次结算
分段结算	当年开工，当年不能竣工的单项或单位工程按照工程进度，划分不同阶段进行结算，分段结算可以按月预支工程款
目标结算方式	在工程合同中，将承包工程的内容分解民不同的控制界面，以为主验收界面作为支付工程价款的前提条件。也就是说，将合同中的工程内容分解成不同的验收单元，当承包商完成单元工程内容并经业主（或其委托人）验收后，业主支付构成单元工程内容的工程价款

三、公路工程合同价款支付的约定

对于公路工程各中支付款项及具体的支付内容如表 7-10 所示。

表 7-10 公路工程合同价款支付的款项及内容

公路工程各种支付款项的名称		支付的具体内容
预付款	开工预付款	1. 开工预付款在承包人签订了合同协议书并提交了开工预付保函后，监理工程师应在池期进度付款证书中向承包人支付开工预付款 70%的价款；在承包人承诺的主要设备进场后，再支付预付款剩余的 30%。承包人不得将该预付款用于与本工程无关的支出。 2. 开工预付款支付的条件有： （1）承包人和发包人已签订了施工合同； （2）承包人已提交了开工预付款保函
	材料、设备预付款	1. 材料、设备预付款按项目专用合同条款数据表中所列主要材料、设备单据费用的百分比支付。 2. 其预付的条件为： （1）材料、设备符合规范要求并经监理工程师认可； （2）承包人已出具材料、设备费用凭证或支付单据； （3）材料、设备已在现场交货，且存储良好，监理工程师认为材料、设备的存储方法符合要求
预付款保函		1. 承包人应在收到开工预付款前向发包人提交开工预付款保函。开工预付款保函的担保金额应与开工预付款金额相同。 2. 预付款的扣回与还清： （1）开工预付款在进度付款证书的累计金额未达到签约合同价的 30%之前不予扣回；在达到签约合同价 30%后，开始按工程进度以固定比例分期从各月的进度付款证书中扣回；全部金额在进度预付款证书的累计金额达到签约合同的 80%时扣完。 （2）当材料、设备已用于安装在永久工程之中时，材料、设备预付款应从付款证书中扣回，扣回期不超过 3 个月
质量保证金		1. 监理工程师从第一个付款周期开始，在发包人的进度付款中，按合同规定的百分比扣留质量保证金，直至扣留的质量保证金总额达到专用合同条款规定的限额为止；质量保证金的计算额度不包括预付款的支付以及扣回的金额。 2. 缺陷责任期满时，承包人向发包人申请到期应返还承包人剩余的质量保证金金额，发包人应在 14d 内核实承包人是否完成缺陷责任；如无异议，发包人应将剩余保证金返还承包人。 3. 缺陷责任期满时，承包人没有完成缺陷责任的，发包人有权扣留与未履行责任剩余工作所需金额相应的质量保证金余额，并有权要求延长缺陷责任期，直到完成剩余工作为止
交工结算	交工付款申请书	1. 承包人在交工验收证书签发后 42 d 内向监理工程师提交交工付款申请单； 2. 监理工程师对交工付款申请单有异议的，有权要求承包人进行修正和提供补充资料，经监理工程师和承包人协商后，由承包人向监理人提交修正后的交工付款申请单

续表

公路工程各种支付款项的名称		支付的具体内容
交工结算	交工付款证书	1. 监理工程师在收到交工申请单后 14 d 内完成核查，提出发包人到期应支付给承包人的价款送发包人审核并抄送承包人。发包人应在收到后 14 d 内审核完毕，由监理工程师向承包人出具经发包人签认的交工付款证书。 2. 发包人应在监理人出具交工付款证书的 14 d 内，将应支付款支付给承包人
最终结算	最终结算申请单	1. 承包人应在缺陷责任期终止证书签发后 28 d 内向监理工程师提交最终结算申请单； 2. 发包人对最终结清申请单内容有异议的，有权要求承包人进行修正和提供补充资料，由承包人向监理工程师提交修正后的最终结清申请单
	最终结算证书	1. 监理工程师收到承包人提交的最终结算申请单后的 14 d 内，提出发包人应支付给承包人的价款送发包人审核并抄送承包人；发包人应在收到后 14 d 内审核完毕，由监理工程师向承包人出具经发包人签认的最终结清证书。 2. 发包人应在监理工程师出具最终结清证书后的 14 d 内，将应支付款支付给承包人

第七节　公路工程项目施工成本管理

公路工程项目施工成本管理是以公路施工项目为对象，以价值规律为指导，以成本预测、计划、控制、核算、分析和考核为内容，运用一系列的专门手段和方法，对公路工程施工项目的生产经营活动进行指导、协调、监督和控制的一种经济管理活动。

一、施工成本计划

编制施工成本计划的关键是确定责任目标成本，这是成本计划的核心，是成本管理所达到的目标，成本目标通常以项目成本总降低额和降低率定量地表示。

工程项目施工成本计划应在项目经理的组织和主持下，根据合同文件、企业下达的责任目标成本、企业施工定额、经优化选择的施工方案以及生产要素成本预测信息等编制施工计划。施工成本管理的主要内容如下：

（1）按照施工方案，计算各分项分部工程的计划工程量。

（2）按照企业施工定额，计算各分项分部工程的计划人工、材料、机械使用量。

（3）按照企业内部或市场生产要素价格信息，计算各分部分项工程的施工预算成本。

（4）将各项施工预算成本与相应项的责任目标成本进行比较，计算其计划成本偏差。现场计划成本偏差是指现场施工预算成本与责任目标成本之差，即：

$$\text{计划成本偏差} = \text{施工预算成本} - \text{责任目标成本} \tag{6-1}$$

计划成本偏差反映现场施工成本在计划阶段的预控情况,也称施工成本计划预控偏差。正值表示计划预控不到位,不满足该项责任目标成本的要求。

(5)当计划预控偏差总和为正值时,应进一步改善施工方案,寻找有潜力的分部分项工程,挖掘降低施工预算成本的途径和措施,保证现场计划总成本控制在责任目标总成本的范围内。

二、降低公路工程项目施工成本的方法和途径

降低公路工程项目施工成本的方法和途径主要有以下几方面:

(1)进行合同交底,使项目经理部全面投标报价、合同谈判、合同签订过程中的情况。同时,投标单位应将合同协议书、投标书、合同专用条款、通用条款、技术规范、标价的工程量清单移交项目经理部。

(2)项目经理部应认真研读合同文件,对设计图纸进行会审,对合同协议、合同条款、技术规范进行精读,结合现场的实际情况,对可能变更的项目、可能上涨的单价等进行预测,对项目的成本趋势做到心中有数。

(3)企业根据项目编制的实施性施工组织设计、材料的市场单价以及项目的资源配置编制并下达标后预算;项目经理部根据标后预算核定的成本控制指标,预测项目的阶段性目标,编制项目的成本计划,并将成本控制指标和成本控制责任分解到部门班组和个人,做到每个部门有责任,人人肩上有担子。

(4)制定先进、经济合理的施工方案。

(5)落实技术组织措施。

(6)组织均衡施工,加快施工进度。

(7)降低材料成本。材料成本在整个项目成本中的比重最大,一般可达70%左右。因此,做好材料的采购计划,采取招标采购的形式,降低材料的采购单价,并加强施工过程的控制,降低各类的生产消耗量和不必要的损耗。

(8)提高机械利用率。机械费用一般占到工程成本的20%左右。项目对机械成本控制的关键是提高机械设备的完好率和使用率。同时,应建立单机核算制度,明确和量化机械成本的控制指标和控制责任,并落实到部门和个人。

三、施工成本核算的内容

施工企业在工程施工过程中发生的各项施工费用,凡量能够直接计入有关工程成本核算对象的,直接计入各工程核算对象的成本项目中;不能直接计入的,应先计入"工程施工—间接费用"账户,然后再采用一定的方法分配计入各工程成本核算对象的成本项目,最后计算出各工程的实际成本。

施工成本核算的主要内容包括:人工费的核算、材料费的核算、机械使用费的核算、其他直接费的核算、间接费用的核算等五方面的内容。

（1）人工费的核算。

人工费计入成本的，应根据企业的具体工资制度而定。

① 在实行计伯工资制度下，所支付的工资一般都能分清受益对象，应根据"工程任务单"和"工资结算汇总表"，将归集的工资直接计入各成本核算对象的人工费成本项目中。

② 在实际计时工资制度下，只有一个成本核算对象或者所发生的工资能分清是在哪个成本核算对象的施工中，可将其直接计入该成本核算对象的"人工费"项目中；如果工人同时在为多个成本核算对象施工，应需要将所发生的工资在各个成本核算对象之间进行分配。

③ 职工福利费、工会经费、职工教育经费等工资附加费，应根据各个成本核算对象当期实际发生或分配计入的工资总额，按规定计提并计入"人工费"项目。

④ 工资性的津贴，按规定应计入成本的资金、劳动保护费等人工旨，比照计件和计时工资的归集和分配方法，直接计入或分配计入有关成本核算对象的"人工费"项目。

⑤ 对于支付给分包单位的人工费，直接计入该分包工程的"人工费"项目。

（2）材料费核算。

由于工程项目耗用的材料品种繁多、数量大、领用次数频繁，因此，企业必须建立、健全材料的收、发、领、退等管理制度，制定统一的定额领料单、大堆材料耗用计算单、集中配料耗用计算单、周围摊销分配表、退料单等自制原始凭证，并按不同的情况进行费用的归集和分配。

（3）机械使用费的核算。

工程施工中使用的施工机械分为自有机械和租用机械。

① 自有机械费用的核算。工程项目使用自有施工机械和运输设备进行机械作业所发生的各项费用，首先应通过"机械作业"科目，分别归集，月末根据各个成本核算对象实际作用的机械的台班数计算各成本核算对象应分摊的施工机械使用费。

② 租用机械费用的核算。从外单位或本企业内部独立核算单位租入施工机械支付的租赁费，一般可以根据"机械租赁费结算"所列金额，直接计入成本核算对象的"机械使用费"成本项目中。如是租入的施工机械是为两个或两个以上的工程服务，应以租入机械所服务的各个工程受益对象提供的作业台班数量为基础进行分配。

（4）其他直接费的核算。

项目施工生产过程中实际发生的其他直接费，包括材料二次搬运费、临时设施摊销费、生产工具用具使用费等。凡能分清受益对象的，应直接计入受益对象的成本核算账户"工程施工—其他直接费"，如与若干个成本核算对象有关的，可先归集到项目经理部的"其他直接费"账户科目，再按规定的方法分配讲稿有关成本核算对象的"工程施工—其他直接费"成本项目内。

（5）间接费的核算。

间接费用主要指现场施工管理费、主要有管理人员的工资、奖金和按比例计提上交企业的职工福利费、工会经费、教育经费、劳保统筹费,以及现场公共生活服务等费用。施工间接费应先在项目"施工间接费"总账归集,再按一定的分配标准计入受益成本核算对象(单位工程)"工程施工—间接成本"中。

第八节 公路工程施工合同管理

一、公路工程项目的合同体系

公路工程建设是一个很复杂的过程,需要涉及许多不同行业的单位,投入许多不同专业的人力以及大量的资金设备。它们之间通过合同构成了不同的经济关系。而业主和承包人依法签订的施工合同是"核心合同",业主又处于合同体系中的"核心位置"。公路工程建设项目的合同体系如图 7-6 所示。

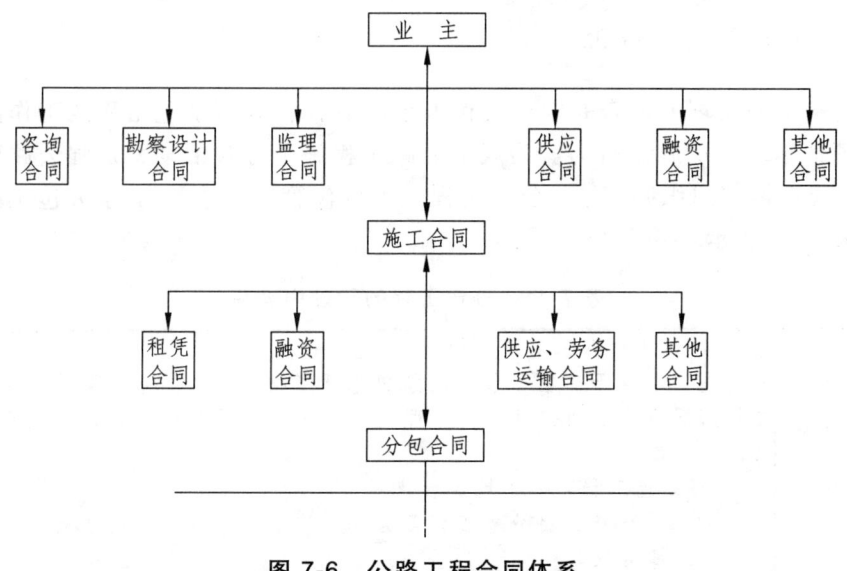

图 7-6 公路工程合同体系

二、承包商的主要合同管理

承包商是工程施工的具体实施者,是工程承包合同的履行者。任何承包商都不可能也不必具备所有的专业工程的施工能力、材料和设备的生产和供应能力。因此,其必须将一些专业施工(或工作)委托出去。这样形成了承包商与其他单位之间复杂的合同关系,如图 7-7 所示。

承包商在对合同管理是应切实履行合同义务,有理、有利、有节地维护自身权益。并建立和完善如下的合同管理制度:

(1)明确合同管理相关部门的职责和工作岗位制度。
(2)确定合同管理的授权和内部会签制度。

（3）明确审查批准制度。
（4）确定印鉴及证书管理使用制度。
（5）确定合同管理绩效考核制度。
（6）确定合同档案按理制度。

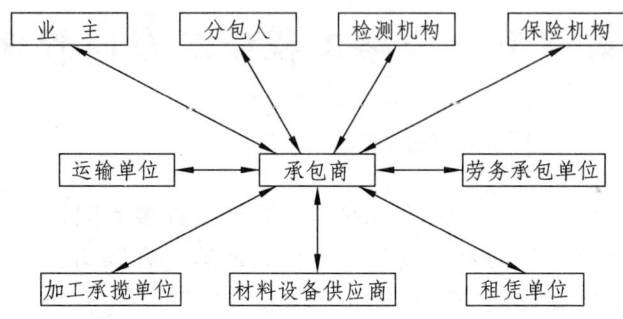

图 7-7　承包商的主要合同关系图

三、分包合同的管理

分包是指经监理人审查并取得发包人批准后，将其所承包工程或工作的一部分委托给其他承包人的施工行为。为规范公路工程施工分包活动，加强公路建设市场监管，交通运输部组织制定了《公路工程施工分包管理办法》。对于分包工程的管理内容如表 7-11 所示。

表 7-11　分包工程的管理内容表

分包工程的管理内容	1. 严格履行开工申请手续 分包工程在开工前承包人必须填报开工报审表，并附有监理人审批并取得发包人同意的书面文件，由监理人审查其是否具备开工条件，确定是否批复其开工申请。 2. 将分包工程列入工地会议议程 每次工地会议，将分包工程作为一个议题进行研究，必要时，可邀请分包人参加工地会议。 3. 检查核实分包人实施分包工程的主要人员与施工设备 在分包工程实施中，监理人应检查核实分包人实施分包工程的主要技术、管理人员及主要施工设备是否与资格审查时所报的情况相符，如发现分包人的人员、施工设备、技术力量等难于达到工程要求时，应要求承包人采取措施处理。 4. 对分包工程实施现场监督检查 监理应对分包工程实施现场监管，及时发现分包工程在质量、进度等方面的问题，由承包从采取措施处理
分包工程的支付管理	1. 分包工程的支付应由分包人在合同约定的时间，向承包人报送该阶段施工的付款申请单，承包人经过审核后，将其列入施工合同的进度付款申请单内一并提交监理人审批。由监理人向承包人出具经发包人签认的进度付款证书。发包人应在监理人收到进度付款申请单后的 28d 内，将进度应付款支付给承包人。

续表

分包工程的 支付管理	2. 分包人不能直接向监理人提出支付要求，必须通过承包人。发包人也不能直接向分包人付款，必须通过承包人
分包工程的 变更管理	1. 承包人接到监理人依据合同发布的涉及发包工程的变更指令后，以书面确认方式通知分包人报告。承包人也有权根据工程的实际进度情况通过监理人向发包人提出有关变更的建议。 2. 监理人一般不能直接向分包人下达变更指令，必须通过承包人。分包人不能直接向监理人提出分包的变更要求，也必须由承包人提出
分包工程的 索赔管理	1. 分包合同履行过程中，当分包人认为自己的合法权益受到损害，无论事件起因于发包人或监理人，还是承包人的责任，他都只能向承包人提出索赔要求。如果是因发包人或监理人的原因或责任造成了分包人的合法利益的损害，承包人应及时按施工合同规定的索赔程序，以承包人的名义就该事件向监理人提交索赔报告。 2. 对于由承包人的原因或责任引起分包人提出索赔，这类索赔产生于承包人与分包人之间，双方通过协商解决。监理人不参与该索赔的处理

四、工程变更的合同管理

工程变更是合同变更的一种特殊形式，它通常是指合同中"设计图纸""技术规范"或工程量清单的改变，包括设计变更、进度计划变更、施工条件变更以及原招标文件和工程量清单中未包括的"新增工程"。其产生原因有主观原因，如设计工作粗糙；也有客观原因，如不可预见的事故、由自然或社会原因引起的停工和工期拖延等。对于施工阶段工程变更的管理的内容如表7-12所示。

表7-12 施工阶段工程变更的管理

工程变更的 基本类型	1. 取消合同中任何一项工作，但被取消的工作不能转由发包人或其他人实施，由于承包人违约造成的情况除外。 2. 改变合同中任何一项工作的质量或其他特性。 3. 改变合同工程的基线、高程、位置或尺寸。 4. 改变合同中任何一项工作的施工时间或改变已批准的施工工艺或顺序。 5. 为完成工程需要所追加的额外工作
工程变更的 提出	1. 在合同履行过程中，可能发生合同约定变更情形的，监理工程师可向承包人发出变更意向书；发包人同意承包人根据变更意向书要求提交变更实施方案的，由监理工程师按合同约定发出变更指示。 2. 在合同履行过程中，发生合同约定变更情形的，监理工程师应按照合同约定向承包人发出变更指示。 3. 承包人收到变更指示，认为存在变更情形的，可向监理工程师提出书面变更建议。监理工程师收到书面建议后，应与发包人共同研究，确认存在变更的，应作出变更指示，不同意作为变更的，应由监理工程师书面答复承包人。 4. 若承包人收到监理工程师的变更意向书后认为难以实施此项变更，应立即通知监理工程师，对其说明原因并附详细依据。监理工程师与承包人和发包人协商后确定撤销、改变或不改变原变更意向书

续表

变更工程的造价管理	1. 除专用合同条款对期限另有约定外，承包人应在收到变更指示或变更意向书后的 14 d 内，向监理工程师提交变更报价书。报价内容应根据合同约定的估价原则，详细开列变更工作的价格组成及其依据，并附必要的施工方法说明和有关图纸。 2. 变更工作影响工期的，承包人应提出调整工期的具体细节。监理工程师认为有必要时，可要求承包人提交要求提前或延长工期的施工进度计划及相应施工措施等详细资料。 3. 除专用合同条款对期限另有约定外，监理工程师应在收到承包人变更报价书后的 14 d 内，根据合同约定的估价原则，按照合同约定商定或确定变更价格
工程变更价格调整的原则	1. 如果取消某项工作，则该工作的总额价不预支付。 2. 已标价工程量清单中有适用于变更工作的子目的，采用该子目的单价。 3. 已标价工程量清单中无适用于变更工作的子目，但有类似子目的，可在合同范围内参照类似子目的单价，由监理工程师按合同约定商定或确定变更工作的单价。 4. 已标价工程量清单中无适用或类似子目的单价，可在综合考虑承包人在投标时所提供的单价分析表的基础上，由监理人按合同约定商定或确定变更工作的单价。 5. 如果本工程的变更指示是因承包人过错、承包人违反合同或承包人责任造成的，则这种违约引起的任何额外费用应由承包人承担

第九节　施工现场材料计划管理与成本控制

一、材料计划管理

材料计划是指从查明材料的需要和资源开始，经过对材料的供需综合平衡所编制的各种计划。

材料计划管理是指用计划来组织、指挥、监督、调节材料的订货、采购、运输、分配、供应、储备、使用等经济活动的管理工作。

材料计划管理的主要内容包括以下几个方面：

1. 材料需用量计划

材料需用量计划是指完成计划期内工程任务所必需的物资用量，它是材料供应计划、采购计划的基础。

2. 材料供应计划

材料供应计划是指企业物资部门根据材料需要计划而编制的计划，也是进行材料供应的依据。材料供应计划按时间分为年度、季度和月度供应计划。物资供应量

＝需要量－库存量+储备量。

3. 材料采购计划

材料采购计划是物资部门根据批准的材料供应计划，分期分批编制，采购人员据以采购材料的计划，是保证材料供应的主要措施。

4. 材料用款计划

材料用款计划是为了尽可能少地占用资金、合理使用有限的备料资金，而制定的资金使用计划。

5. 材料计划的调整

由于施工生产任务的增减或变更设计，相应地会出现材料需用量的增减以及品种规格的变化，材料部门应根据变更后的材料需用量计划及时编制材料调整计划。

二、材料成本的控制

材料成本控制的主要内容包括以下方面：

1. 材料价格的控制

主要指由材料采购部门在采购中通过市场信息、询价、应用竞争机制和经济合同等手段控制材料的采购价格。

材料价格的控制可以通过采购价控制、运费控制、根据施工进度计划科学组织材料的供应等手段来完成。

2. 材料用量的控制

指在保证符合设计要求和质量标准的前提下，合理使用材料和节约材料，通过定额管理、计量管理等手段以及施工质量控制，避免返工等，有效控制材料的消耗。

材料用量的控制方法有：

（1）坚持定额确定的材料消费量，实际限额领料制度，各班组只能在规定限额内分期、分批领用，如超出限额领料，要分析原因，及时采取纠正措施。

（2）改进施工技术，推广使用降低料耗的各种新技术、新材料、新工艺。

（3）在对工程进行功能分析、对材料进行性能分析的基础上，力求用价格低的材料代替价格高的材料。

（4）认真计量验收，坚持余料回收，降低料耗水平。

（5）加强现场管理，合理堆放，减少搬运，降低堆放、仓储损耗。

（6）建立材料使用台账，记录使用和节超情况，节约奖励、浪费处罚。

（7）及时盘点，随时掌握实际消耗数量和工程进度的计划数量对比分析。

参考文献

[1] 中华人民共和国行业标准.JTGB01—2014 公路工程技术标准.北京:人民交通出版社,2014.
[2] 交通部定额站.JTG/T B06-01—2007 公路工程概算定额.北京:人民交通出版社,2007.
[3] 交通部定额站.JTG/T B06-02—2007 公路工程预算定额.北京:人民交通出版社,2007.
[4] 交通部定额站.JTG/T B06-03—2007 公路工程机械台班费用定额.北京:人民交通出版社,2007.
[5] 交通部定额站.公路工程施工定额.北京:人民交通出版社,2009.
[6] 中华人民共和国行业标准.JTGF10—2006 公路路基施工技术规范.北京:人民交通出版社,2006.
[7] 中华人民共和国行业标准.JTGF40—2004 公路沥青路面施工技术规范.北京:人民交通出版社,2004.
[8] 中华人民共和国行业标准.JTG/TF20—2015 公路路面基层施工技术规范.北京:人民交通出版社,2015.
[9] 中华人民共和国行业标准.JTG/TF30—2014 公路水泥混凝土路面施工技术规范.北京:人民交通出版社,2014.
[10] 中华人民共和国行业标准.JTGE40—2007 公路土工试验规程.北京:人民交通出版社,2007.
[11] 中华人民共和国行业标准.JTG/TD31-02—2013 公路软土地基路堤设计与施工技术细则.北京:人民交通出版社,2013.
[12] 中华人民共和国行业标准.JTGE60—2008 公路路基路面现场测试规程.北京:人民交通出版社,2008.
[13] 王首绪.公路施工组织及概预算.3版.北京:人民交通出版社,2010.